세상에서 가장 멋진
공룡 박물관

모든 공룡 추적자들에게 - 릴리 머레이

잭, 데이지, 엘리자에게 - 크리스 워멜

현서, 현호, 현비에게 - 옮긴이

공룡과 함께하는
지구의 역사

세상에서 가장 멋진
공룡 박물관

릴리 머레이 글 | 크리스 워멜 그림 | 당연증 옮김

베틀·북
BETTER BOOKS

공룡 박물관

들어가는 말

공 룡 박 물 관

공룡 화석은 전 세계 모든 곳, 다양한 서식지에서 발견되고 있어요. 새로운 발견은 새로운 호기심을 불러일으켰고, 이를 통해 공룡에 대한 이해도 점차 깊어졌지요.

공룡 화석의 발견 속도는 해마다 빨라져요. 두 세기 전인 1824년에 처음으로 공룡이라는 이름이 생겼지만, 지금까지 알려진 공룡의 절반 이상이 최근 30년 사이에 발견되었어요.

요즘 시대는 그 어느 때보다 공룡에 대한 관심이 높아요. 수많은 자연사 박물관이 생겼고, 고생물학자들이 활발하게 활동하며, 지금 이 순간에도 끊임없이 새로운 발견들이 이루어져요. 공룡에 대한 연구도 점차 발전해 화석에 의존하던 과거와 달리 뼈대의 엑스레이 분석, 단백질 분자, 뼈와 알껍데기 미세 구조, 깃털과 피부 흔적, 발자국과 보행렬까지 다양한 증거들을 탐색할 수 있게 되었어요.

지금부터 우리는 거대 대륙이었던 판게아의 분열과 공룡의 출현을 관찰하기 위해 선사 시대로 떠날 거예요. 공룡의 가계도를 통해 이 놀라운 생명체들이 어떻게 진화해 1억 7500만 년 동안 지구를 지배할 수 있었는지 살펴보세요. 날카로운 발톱을 가진 사나운 사냥꾼, 풀을 뜯으며 어슬렁거리던 거대한 괴물, 그리고 깃털 달린 새의 조상까지, 생생한 일러스트로 표현한 선사 시대의 주인공들과 친구가 될 수 있을 거예요.

앞서 말했듯이 우리는 공룡 연구의 부흥기에 살고 있어요. 지금까지의 연구가 오래된 화석처럼 보일 정도지요. 이 책에서 다루는 공룡에 대한 최신 정보를 통해 선사 시대에 대한 호기심을 충족할 수 있을 거예요. 가장 컸던 공룡은 누구일까요? 헤엄치거나 날 수 있는 공룡도 있었을까요? 어떤 공룡의 발톱이 가장 길었을까요? 선사 시대를 지배한 가장 강력한 포식자는 누구였을까요? 이 책을 통해 이 질문들에 대한 대답을 넘어 더 많은 신기하고 놀라운 이야기와 만나게 되길 바랍니다.

폴 세레노 박사 (고생물학자, 시카고 대학교)

1
입구

공룡 박물관에 오신 것을 환영합니다! 1
분기도 2
공룡의 분류 4
중생대 6

9
제1전시실

거대한 몸집의
용각류 공룡들

용각아목 10 | 원시용각류 12
트라이아스기 14 | 용각하목 16
티타노사우루스과 18

21
제2전시실

무시무시한 사냥꾼
수각류 공룡들

수각아목 22 | 원시수각류 24
알로사우루스상과 26 | 스피노사우루스과 28
코엘루로사우리아 30 | 티라노사우루스과 32
오르니토미모사우리아 34 | 오비랍토로사우리아 36
테리지노사우루스과 38 | 트로오돈과 40
드로마에오사우루스과 42 | 공룡 시대의 새 44

47
제3전시실

독특한 이빨을 가진
조각류 공룡들

조각아목 48 | 원시조각류 50
쥐라기 52 | 이구아노돈 54
하드로사우루스과 56 | 에그마운틴 58

61
제4전시실

갑옷으로 무장한
장순류 공룡들

장순아목 62 | 스테고사우루스하목 64
안킬로사우루스하목 66 | 백악기 68

71
제5전시실

화려한 머리 장식이 있는
주식두류 공룡들

주식두아목 72 | 파키케팔로사우루스하목 74
케라톱스하목 76 | 치열한 싸움 78

81
제6전시실

중생대의
다른 동물들

익룡 82 | 해양파충류 84
중생대의 포유동물 86 | 멸종 88
살아남은 생명체 90

93
자료실

찾아보기 94
공룡 박물관의 큐레이터들 96

입구

공룡 박물관에
오신 것을 환영합니다!

이 공룡 박물관은 지금까지 존재한 어떤 동물보다도 크고 사나운 공룡이 살던 수억 년 전으로 여러분을 데려다줄 거예요. 그곳에는 한번도 본 적 없는 지구의 수많은 생명체들이 살아 숨쉬고 있지요. 깃털이 달린 작은 사냥꾼부터 걸을 때마다 땅이 울렸던 거대한 초식 동물까지 놀랍도록 다양한 생명체들이 여러분을 기다리고 있답니다.

    책장을 넘겨 공룡 박물관이 소개하는 여러 전시실을 하나하나 둘러보세요. 공룡이 어떻게 살았고 어떻게 진화했는지, 무엇을 먹었고 어떻게 움직였으며 어떻게 사라져 갔는지, 마치 실제 박물관을 돌아보듯 생생하게 체험할 수 있을 거예요. 가장 원시적인 공룡부터 기나긴 시간을 통해 다양한 종으로 진화한 공룡의 놀라운 이야기가 눈앞에서 펼쳐집니다.
    전시실 구석구석을 주의 깊게 살펴보세요. 낯선 식물들이 대지를 뒤덮고, 손바닥만 한 포유동물이 돌아다니는 공룡 시대의 지구 모형을 발견할 수 있을 거예요. 실제 크기를 짐작하기조차 힘든 커다란 공룡 뼈와 진귀한 화석뿐 아니라 시간이 흐르면서 대륙이 어떻게 움직였는지를 보여 주는 자료들도 만날 수 있어요. 서로 다른 공룡이 어떤 연관이 있는지, 현대의 동물과 어느 지점에서 맞닿아 있는지 신비로운 진화의 과정을 살펴보면서 파충류가 지구를 지배하던 수억 년 전의 세계를 상상해 보세요.
    자, 시간을 거슬러 놀랍고도 멋진 세계와 만날 준비가 되었나요? 공룡 박물관은 분명 여러분의 소중한 보물 창고가 되어 줄 거예요!

공룡박물관

공룡의 분류

흔히 '분기도'라고 부르는 공룡의 가계도는 공룡 무리들이 서로 어떻게 연관되는지를 나타내는 자료예요. 비늘로 덮여 두 발로 걷는 초기 공룡부터 거대한 몸집에 네 발로 걷는 공룡, 하늘을 나는 우아한 비행사까지 매우 다양한 공룡의 진화를 한눈에 볼 수 있지요.

공룡은 2억 5000만 년 전에 진화한 '조룡(아강)'이라고 불리는 파충류 무리에 속해요. 공룡이라는 이름은 1842년 고생물학자 리처드 오언에 의해 처음으로 만들어졌지요. 당시 발견된 이구아노돈, 메갈로사우루스, 그리고 힐라에오사우루스를 '무서울 정도로 커다란 도마뱀'이라는 뜻의 '공룡(Dinosauria)'이라는 별개의 무리로 분류한 거예요.

그 후 공룡은 다시 골반뼈 구조의 차이를 바탕으로 용반목과 조반목으로 나누어졌어요. 용반목은 오늘날의 도마뱀과 비슷한 골반뼈를 가지고 있으며 치골이 앞쪽으로 향해 있는 것이 특징이에요. 이에 반해 조반목은 오늘날의 새와 비슷한 골반뼈를 가지고 있으며 치골이 뒤쪽을 향해 있지요. 이러한 큰 분류 이후 900종 이상의 공룡이 발견되었고 최근까지도 2주에 1종 꼴로 공룡이 발견되고 있지만 공룡 분류의 기본 구조는 그대로 유지되고 있어요. 다만 최근의 연구 결과에 따라 분류 체계에 대한 다른 주장들도 논의되고 있지요. 수각류와 조각류 공룡이 진화의 측면에서 과거의 생각보다 더 가까운 관계라는 주장도 있답니다.

공룡은 다시 한 조상과 그 후손으로 구성된 집합, 즉 '계통군'으로 나누어져요. 각 계통군은 독특한 특징을 가진 공룡들이 포함되는데, 마니랍토르류 공룡의 경우는 반달 모양의 앞발목 관절을 가지고 있고, 케라톱스류 공룡의 경우는 독특한 두개골 장식인 프릴을 가지고 있지요. 이 분류 체계는 학자들에게 다른 공룡 무리 사이의 진화적 연관성을 연구하는 데 도움을 주어요. 또한 공룡이 모두 멸종된 것이 아니라, 오늘날의 '새'로 진화해 번성하고 있다는 커다란 발견을 이끌어 냈답니다.

공룡박물관

중생대

지금으로부터 2억 5200만 년 전에서 6600만 년 전까지를 중생대라고 해요. '파충류의 시대'라고도 불리는 중생대는 다시 트라이아스기, 쥐라기, 백악기로 나뉘지요.

공룡은 2억 4000만 년 전쯤 트라이아스기에 처음 모습을 드러냈는데, 이때의 지구는 오늘날과는 매우 다른 모습이었어요. 트라이아스기가 시작될 때, 대륙의 대부분은 지구 표면의 4분의 1을 덮고 있던 '판게아'라 불리는 초대륙으로 뭉쳐 있었어요. 판게아는 판탈라사 해양으로 둘러싸여 있었으며, 판게아의 동쪽 해안선은 테티스해를 둘러싸고 있었지요. 트라이아스기가 끝날 무렵 지금의 아프리카의 일부분과 북아메리카, 유럽 대륙이 판게아에서 떨어져 나왔고 북대서양이 만들어지기 시작했어요.

판게아는 쥐라기를 거치면서 북쪽의 로라시아 대륙과 남쪽의 곤드와나 대륙으로 나누어졌어요. 곤드와나 대륙은 다시 중기 쥐라기에 동쪽 부분(남극, 마다가스카르, 인도, 호주)과 서쪽 부분(아프리카, 남아메리카)로 갈라졌지요. 북쪽에서는 북대서양이 점점 넓어졌고, 북아메리카와 아프리카의 간격은 점차 벌어졌어요. 해저에서 산맥들이 솟아올라 해수면이 높아졌고, 그 영향으로 습하고 비가 많은 기후가 되었어요.

높아진 해수면은 백악기 내내 이어졌는데, 그로 인해 대륙의 많은 부분이 바다 아래로 잠겨 있었어요. 하지만 때때로 북아메리카와 아시아가 연결되기도 했는데, 이때 공룡이 두 대륙 사이를 이동할 수 있었어요. 대륙은 계속해서 이동하여 백악기 후기에는 주요 대륙 대부분이 분리되었고, 비로소 오늘날과 비슷한 형태를 갖추게 되었답니다.

그림 설명

1. 트라이아스기
트라이아스기는 2억 5200만 년 전부터 2억 100만 년 전까지 지속되었어요. 트라이아스기가 시작될 때는 지금의 중국과 동남아시아 일부만 판게아로부터 떨어져 있었지요. 오른쪽 1번 그림은 트라이아스기 후기 지구의 모습이에요. 판게아에 최초의 균열이 일어나면서 북대서양이 만들어지는 모습을 나타내고 있어요. 또한 당시 내륙의 많은 부분이 사막으로 뒤덮여 있는 모습도 볼 수 있지요.

2. 쥐라기
트라이아스기에 이어 쥐라기가 2억 100만 년 전부터 1억 4500만 년 전까지 지속되었어요. 오른쪽 2번 그림에서는 판게아 분열의 시작과 해수면의 상승 때문에 얼마나 많은 대륙이 바다에 잠겼는지를 볼 수 있지요. 이 시기에 북아메리카의 로키산맥, 남아메리카의 안데스산맥, 그리고 유럽의 알프스산맥이 생겨났어요.

3. 백악기
중생대의 마지막이자 가장 길었던 시기인 백악기는 1억 4500만 년 전부터 6600만 년 전까지 지속되었으며, 대륙들의 마지막 분열을 볼 수 있어요. 오른쪽 3번 그림은 백악기 후기의 지구의 모습이에요. 북아메리카를 둘로 나눈 서부 내륙 해로와 북아프리카를 덮고 있는 큰 내륙 바다를 볼 수 있지요.

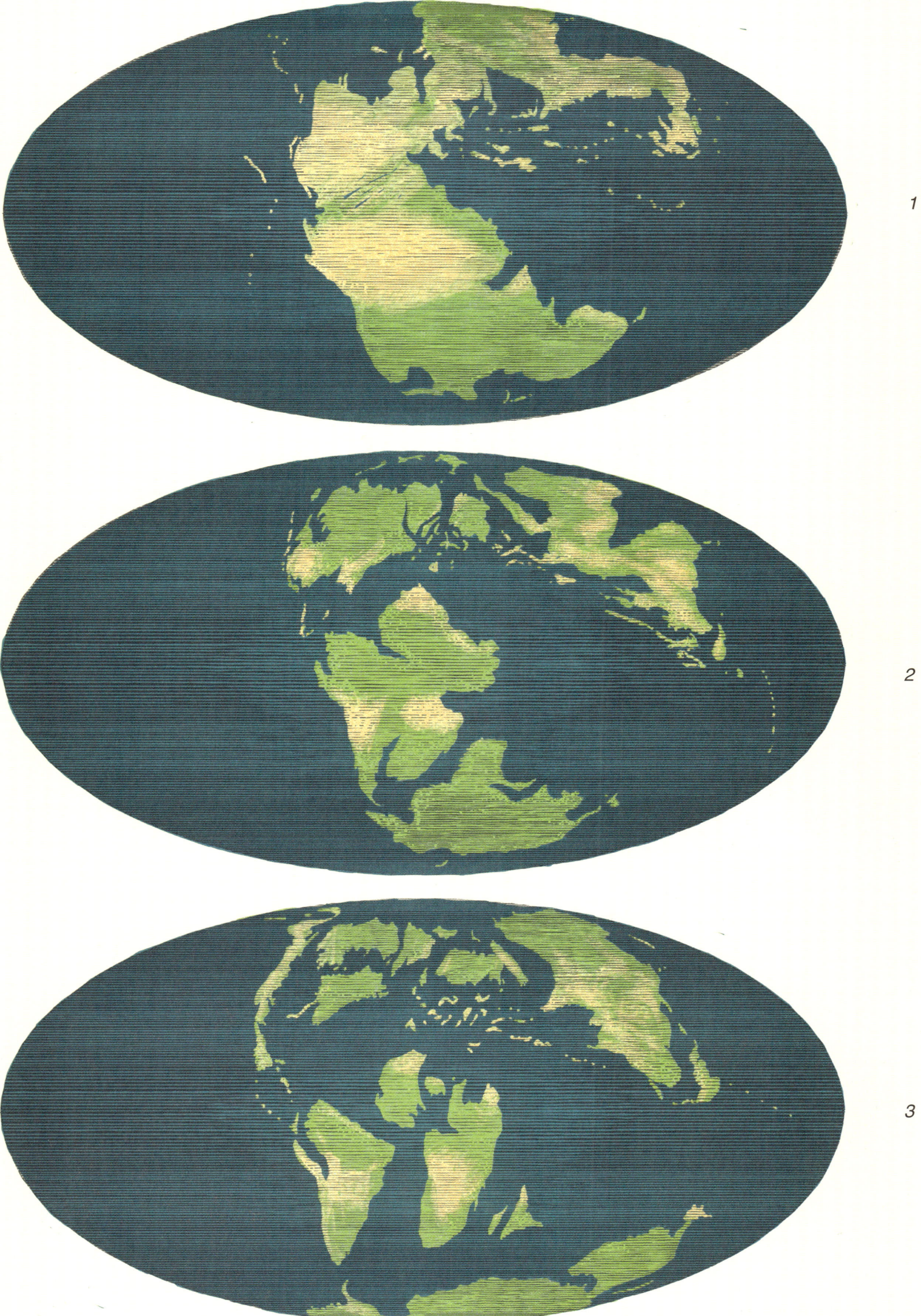

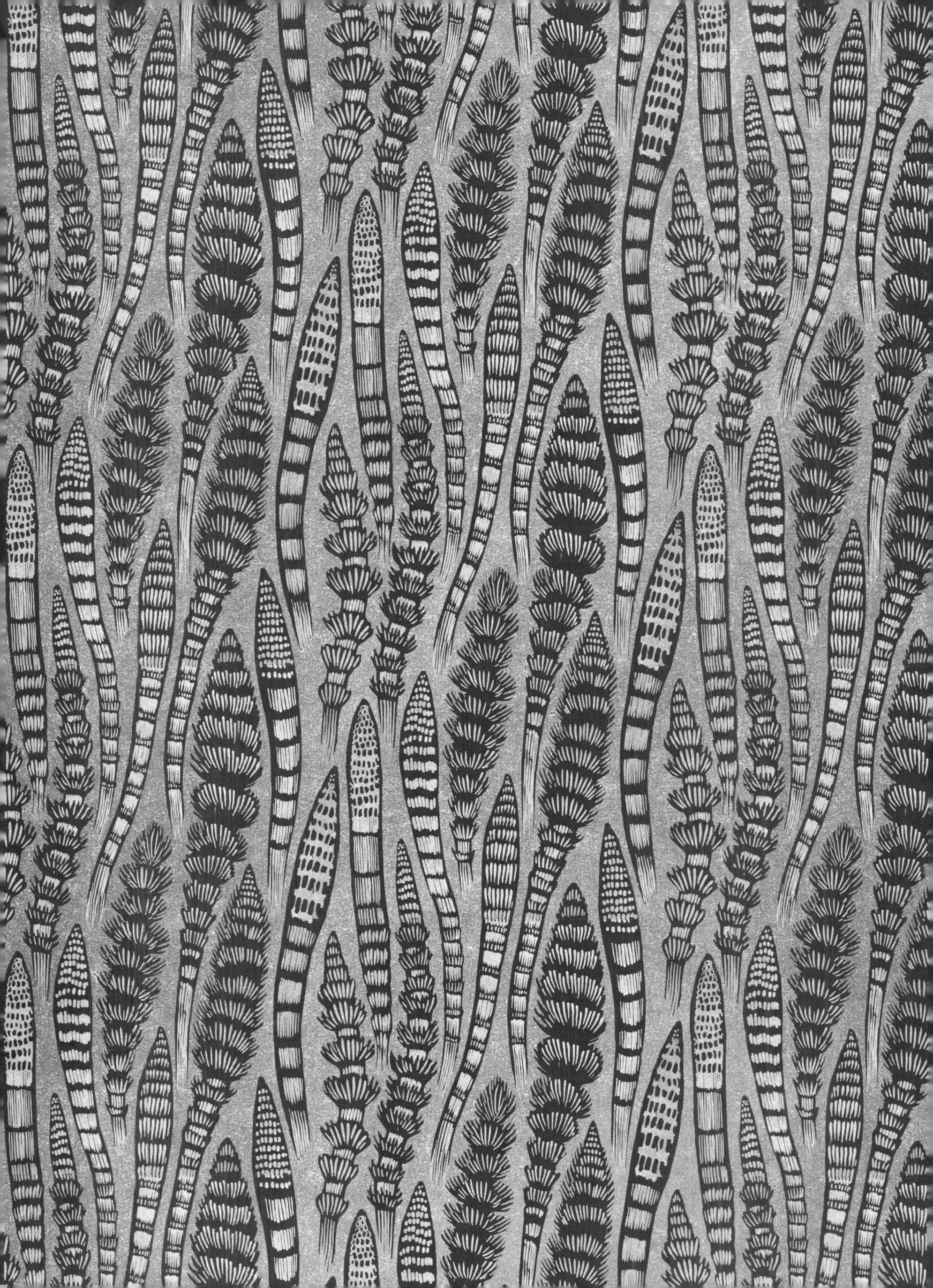

제1전시실

거대한 몸집의
용각류 공룡들

용각아목

원시용각류

트라이아스기

용각하목

티타노사우루스과

용각류 공룡들

용각아목

용각아목은 '도마뱀의 다리를 가진 공룡'이라는 뜻으로, 수각아목(맹수의 다리를 가진 공룡)과 함께 용반목(도마뱀의 골반뼈를 가진 공룡)에 속해요. 용각아목은 공룡이 진화를 시작하고 나서 얼마 되지 않아 수각아목과 분리되었는데, 후기 트라이아스기에 처음 나타나 공룡이 멸종한 백악기까지 오랫동안 살았어요.

초기의 용각아목 공룡은 비교적 몸집이 작았으며 두 발로 걸어 다녔어요. 잡식성이었던 이 공룡은 날카로운 발톱이 달린 두꺼운 엄지발가락이 있었는데, 주로 먹었던 나무줄기를 뜯을 뿐만 아니라 포식자로부터 자신을 방어할 때 효과적으로 사용했을 것으로 추측하지요. 시간이 지나면서 점점 커진 몸집을 지탱하기 위해 기둥같이 두꺼운 네 다리가 발달했어요. 약 2억 년 전 무렵 가장 번성한 대형 초식 동물 무리가 되었지요.

용각아목 공룡은 오늘날의 기린처럼 긴 목을 가지고 있었어요. 그래서 다른 초식 동물들이 닿지 못하는 높은 곳의 먹이도 손쉽게 먹을 수 있었지요. 작고 가벼운 두개골과 균형을 유지하기 위한 긴 꼬리도 커다란 몸을 움직이는 데 도움을 주었어요. 나뭇잎 모양의 이빨은 억센 줄기를 자르는 데는 편리했지만 먹이를 씹기에는 적합하지 않았어요. 그래서 오늘날 새의 모래주머니와 같이, 질긴 식물을 소화시키기 위해 '위석'이라는 돌을 삼켰지요. 입 끝에 작은 부리가 있는 종류도 있었다고 해요.

용각아목 공룡의 화석은 모든 대륙에서 발견돼요. 또한 습지부터 사막, 극지방까지 모든 환경에서 발견되지요. 지금까지 발견된 용각아목 공룡 가운데 가장 큰 종류는 키가 빌딩보다 크고, 몸길이가 버스보다 길었으며, 걸을 때마다 쿵쿵 땅을 울렸을 거라고 추측해요. 우리가 보통 상상하는 커다란 '공룡'을 가장 잘 나타내는 동물이라고 할 수 있지요.

그림 설명
---

1. 브라키오사우루스

학명: *Brachiosaurus altithorax*
시기: 쥐라기 후기
장소: 북아메리카
몸길이: 25m 몸무게: 28,000kg

1900년 최초의 화석이 발견되었을 때부터 브라키오사우루스는 가장 큰 공룡으로 알려졌어요. 최근에 더 큰 공룡이 발견되었지만, 지금까지도 우리에게는 커다란 공룡을 대표하는 동물로 여겨져요.
브라키오사우루스는 긴 목과 바깥쪽으로 벌어진 긴 앞다리 등 기린과 비슷한 모습을 하고 있어요. 또한 앞발이 뒷발보다 길어서 '팔 도마뱀'이라는 뜻의 이름이 붙었지요. 지금까지 발견된 브라키오사우루스의 뼈 중에는 융합이 덜 되어 있어 아직 다 자라지 않았음을 암시하는 것들이 있는데, 이를 두고 학자들은 이 거대한 공룡이 어쩌면 우리가 생각하는 것보다 훨씬 더 컸을 수도 있다고 추측하지요.
브라키오사우루스는 앞다리를 들고 뒷다리로만 서 있을 수는 없었기 때문에 긴 목만으로 높은 곳의 나뭇잎을 따 먹었어요. 주로 소철, 침엽수, 은행나무의 잎을 먹었는데, 거대한 몸을 유지하기 위해서는 하루에 120kg 이상을 먹어야 했답니다.

2. 브라키오사우루스의 머리뼈

브라키오사우루스의 머리뼈를 보면 주둥이가 널찍하고, 위턱과 아래턱에 각각 26개씩 총 52개의 숟가락 모양의 이빨이 있는 두꺼운 턱뼈가 있다는 것을 관찰할 수 있어요. 숟가락 모양의 이빨은 식물을 훑는 데 적합하지요. 다른 동물과 다르게 머리뼈 위에 콧구멍이 있었답니다.

용각류 공룡들

원시용각류

원시용각류는 공룡이 처음 출현한 시기부터 존재했어요. 한때 거대한 용각하목 공룡의 조상으로 여겨졌지만 최근 연구를 통해 초기의 친척으로 여겨지고 있어요. 지금까지 발견된 원시용각류의 화석은 2억 2500만 년에서 2억 년 전의 것으로 보이는데, 이는 지금까지 발견된 공룡 화석 가운데 가장 오래된 거예요.

원시용각류는 트라이아스기 후기부터 쥐라기 전기까지 가장 흔하게 볼 수 있는 초식 동물이었으며, 당시 환경을 지배한 최초의 무리였어요. 남극을 포함한 모든 대륙에서 그들의 화석이 발견되었지만 대부분의 화석은 북유럽에서 찾아냈지요. 원시용각류는 뒷다리로 일어나 높은 가지에 달린 나뭇잎을 뜯어 먹을 수 있었어요. 하지만 중기 쥐라기 이후의 화석 기록에서 갑자기 자취를 감추었는데, 이는 자신보다 큰 공룡과의 먹이 경쟁에서 밀려났기 때문이라고 추측해요.

용각류 공룡은 대부분 커다란 몸에 작은 머리, 긴 목과 기둥처럼 두꺼운 네 발의 형태로 진화했어요. 같은 종류의 공룡이 많아지면서 보다 높은 곳의 먹이를 구하기 위해서였지요. 또한 마찬가지로 커다란 몸집으로 진화하는 육식 공룡과 맞서기 위해서이기도 해요.

그림 설명

1. 마소스폰딜루스
학명: *Massospondylus carinatus*
시기: 쥐라기 전기
장소: 짐바브웨
몸길이: 4m 몸무게: 135kg
마소스폰딜루스는 다른 원시용각류 공룡보다 목이 길고, 줄기나 뿌리를 뜯기 편한 두꺼운 엄지발톱이 있었어요. 갓 부화한 새끼 공룡의 화석을 보면 이빨이 없고 바로 걷기 힘들었을 것으로 보이는데, 이를 통해 어미가 새끼를 보살폈다는 것을 짐작할 수 있어요.

2. 플라테오사우루스
학명: *Plateosaurus engelhardti*
시기: 트라이아스기 후기
장소: 독일, 스위스, 프랑스
몸길이: 10m 몸무게: 4,000kg
플라테오사우루스는 유럽에서 발견된 가장 유명한 공룡 가운데 하나예요. 수백 개의 화석이 한 장소에서 발견된 것으로 보아 무리 지어 생활했을 것으로 추측할 수 있어요.

3. 테코돈토사우루스
학명: *Thecodontosaurus antiques*
시기: 트라이아스기 후기
장소: 영국
몸길이: 2.5m 몸무게: 40kg
테코돈토사우루스는 같은 시기에 살았던 플라테오사우루스에 비해 몸집이 작기 때문에 섬에 고립되어 생활한 난쟁이 종류로 추측해요. 지금까지 발견된 공룡 가운데 네 번째로 정식 이름이 지어졌어요.

4. 리오자사우루스
학명: *Riojasaurus incertus*
시기: 트라이아스기 후기
장소: 아르헨티나
몸길이: 6.6m 몸무게: 800kg
리오자사우루스는 커다란 몸과 두꺼운 다리 때문에 뒷다리로 일어설 수 없었고 움직임도 매우 느렸을 것으로 추측해요.

트라이아스기의 지구

트라이아스기

　지금으로부터 2억 5100만 년 전, 지구에 존재하는 모든 생명체의 96%가 사라지는 대멸종이 일어났어요. 그리고 뒤를 이은 트라이아스기에 육지 생명체가 폭발적으로 늘어났는데, 이때 포유동물의 초기 조상과 공룡이 처음 모습을 드러냈지요.

　트라이아스기 초기의 기온은 오늘날보다 따뜻했어요. 극지방에도 얼음이 없었으며 판게아의 내륙은 드넓은 사막으로 뒤덮였지요. 높은 지대는 기온이 낮았기 때문에 겉씨식물들이 울창하게 숲을 이루었어요.

　바닷가 주변은 지금보다 습했기 때문에 대부분의 생명체가 이곳에서 살았어요. 이끼류, 고사리류, 거미류, 전갈류, 노래기류, 지네류와 딱정벌레가 대표적이었으며, 최초의 메뚜기도 나타났어요.

　육지에 살았던 가장 큰 동물은 '수궁류'라고 불리는 포유류형 파충류와 공룡의 조상으로 여겨지는 지배파충류였어요. 트라이아스기 중기에 접어들어 지배파충류로부터 최초의 공룡이 생겨났고, 트라이아스기 후기에 하늘을 날았던 최초의 척추동물인 익룡이 생겨났지요.

　최초의 포유류 조상은 트라이아스기가 끝날 무렵 포유류형 파충류에서 생겨났어요. 이들은 매우 작았고, 주로 식물과 곤충을 먹고 살았어요.

그림 설명

1. 포스토수쿠스
학명: *Postosuchus*
길이: 5m 몸무게: 680kg
포스토수쿠스는 지배파충류에 속하는 동물로 북아메리카의 최상위 포식자로 알려져 있어요. 곧게 뻗은 튼튼한 다리를 가진 빠르고 민첩한 사냥꾼이었지요. 코엘로피시스를 비롯한 여러 공룡들과 함께 살았던 포스토수쿠스는 뒷다리에 비해 앞다리가 매우 짧아 두 다리로 걸었을 것으로 추측해요.

2. 독니가 있는 익룡
날개폭: 1.3m
트라이아스기의 익룡은 상대적으로 크기가 작았어요. 2015년에 발견되어 아직까지 이름이 없는 이 익룡은 110개의 이빨과 길이가 2.5cm 정도 되는 네 개의 독니가 있어요. 짧은 거리만 날 수 있었으며 곤충과 작은 악어의 조상을 잡아먹은 것으로 알려져 있지요.

3. 화석소철목
트라이아스기에 번성한 화석소철목은 잎이 억세고 줄기에는 짧은 원통 모양의 가지들이 달려 있었어요.

4. 아라우카리옥실론
학명: *Araucarioxylon arizonicum*
아라우카리옥실론은 구과식물의 한 종으로 트라이아스기 후기의 북아메리카를 뒤덮을 정도로 번성했어요. 오늘날 칠레삼나무와 가까운 친척이에요.

5. 속새류
골풀을 닮은 속새류는 동시대의 초식 동물에게 중요한 먹이였어요. 씨앗 대신 포자로 번식하고, 땅속줄기에서도 잎이 나오는 등 트라이아스기에 새로운 형태로 진화했어요.

6. 모르가누코돈
학명: *Morganucodon*
몸길이: 13cm 몸무게: 27~89g
초기의 포유동물 조상인 모르가누코돈은 독특한 턱의 모양 등 파충류의 특징이 많이 남아 있었어요. 껍데기가 가죽같이 질긴 작은 알을 낳았으며, 주로 밤에 활동했을 것으로 추측해요.

용각류 공룡들

용각하목

용각하목은 트라이아스기 후기에 처음 모습을 드러낸 후 백악기가 끝날 때까지 1억 년 이상을 살아남은 초식 공룡 무리예요. 이 중에는 지금까지 존재했던 가장 큰 육상 동물도 포함되는데, 몸무게가 100톤 가까이 됐다고 해요. 이는 아프리카 코끼리보다 16배나 무거운 거예요. 많은 수의 용각하목 공룡이 이처럼 극단적으로 커다란 몸집을 발달시키는 방향으로 진화했어요.

용각하목 공룡의 가장 큰 특징은 속이 비어 가벼운 목뼈로 이루어진 긴 목이에요. 이 덕분에 더 넓은 범위의 먹이에 접근할 수 있었기 때문에 다른 초식 공룡과의 경쟁에서 이길 수 있었지요. 기다란 목을 지탱하기 위해 19개 이상의 목뼈와 특별히 배열된 근육, 강인한 인대와 힘줄이 필요했거요. 또한 몸에 비해 과도하게 작은 머리 대부분을 차지한 입 덕분에 먹이를 씹지 않고 삼켜서 매우 빠르게 먹을 수 있었어요. 이들이 먹이를 먹는 모습은 마치 중생대의 잔디 깎는 기계처럼 보였을 거예요.

용각하목 공룡은 오늘날 새와 비슷한 공기주머니가 있었어요. 이 덕분에 숨을 들이마시고 내쉬는 동작을 반복해야 하는 포유동물과 다르게 허파로 끊임없이 산소를 공급할 수 있었지요.

그림 설명

1. 마멘키사우루스

학명: *Mamenchisaurus hochuanensis*
시기: 쥐라기 후기
장소: 중국
몸길이: 25m 몸무게: 36,000kg

마멘키사우루스는 전체 몸길이의 절반을 차지하는 유별나게 긴 목으로 유명해요. 평소에는 목을 지면과 수평이 되게 유지했으며, 목을 들어올려야 하는 너무 높은 곳의 먹이는 먹지 않았을 것으로 추측해요.

2. 디플로도쿠스

학명: *Diplodocus carnegii*
시기: 쥐라기 후기
장소: 미국
몸길이: 22~35m 몸무게: 18,000kg

디플로도쿠스는 몸길이가 가장 긴 공룡 가운데 하나로, 채찍 같은 긴 꼬리가 있어 포식자로부터 자신을 방어하는 데 사용했어요. 긴 꼬리를 빠르게 휘두르면서 끔찍하게 시끄러운 소리를 내 다른 공룡들을 쫓아냈다고 추측해요.

3. 니제르사우루스

학명: *Nigersaurus taqueti*
시기: 백악기 중기
장소: 니제르
몸길이: 9m 몸무게: 2,000kg

니제르사우루스는 600여 개의 바늘 모양 이빨이 나 있는 매우 넓은 턱을 가진 특이한 공룡이에요. 걸을 때 목을 좌우로 흔들면서 낮은 높이에 있는 나뭇잎들을 잘라 먹었을 것으로 추측해요.

4. 아마르가사우루스

학명: *Amargasaurus cazaui*
시기: 백악기 전기
장소: 아르헨티나
몸길이: 13m 몸무게: 4,000kg

아마르가사우루스는 목과 등을 따라 길게 늘어선 두 갈래의 돌기가 특징이에요. 이 돌기들은 체온 조절을 하거나 포식자에 대한 방어를 위해 쓰였을 것으로 추측해요.

용각류 공룡들

티타노사우루스과

　백악기가 시작된 1억 4500만 년 전 디플로도쿠스, 브라키오사우루스 같은 일부 용각류 공룡들이 사라지기 시작했어요. 대신 티타노사우루스과라는 새로운 용각하목 무리가 번성했지요. 2014년 파타고니아에서 처음으로 발견된 티타노사우루스과 공룡은 지금까지 존재한 가장 커다란 육상 동물이에요. 이들의 화석은 전 세계에 걸쳐 발견되지만 주로 남아메리카에서 그 흔적을 찾을 수 있어요. 남아메리카는 과거 거대한 땅덩어리였던 곤드와나 대륙의 일부가 떨어져 나와 생긴 대륙이에요.

　티타노사우루스과 공룡은 네 개의 기둥 같은 다리로 우뚝 섰으며 말발굽처럼 생긴 발가락으로 걸었는데, 발바닥에 살집이 있어 이동할 때 충격을 덜어 주었어요. 다른 용각하목 공룡처럼 티타노사우루스과 공룡 역시 긴 목과 긴 꼬리를 가졌으며, 나뭇잎을 훑기엔 적합하지만 씹을 수는 없는 이빨이 나 있었어요.

　많은 티타노사우루스과 공룡이 작은 구슬 같은 비늘로 등을 보호했으며, 살타사우루스의 경우

는 딱딱한 골판이 있기도 했어요. 당시 티라노사우루스 같은 거대한 수각류 공룡으로부터 자신을 보호하기 위한 것으로 추측되지요.

그림 설명

1. 티타노사우루스
학명: 아직 정식 이름이 없음.
시기: 백악기 후기
장소: 아르헨티나
몸길이: 37m 몸무게: 70,000kg

아직 이름이 정해지지 않은 이 공룡은 2014년 파타고니아에서 7마리의 뼈대가 발견되면서 처음 알려졌어요. 아직까지 무리의 대표 이름으로만 언급되는 티타노사우루스는 그 무게가 아프리카 코끼리 10마리를 합친 무게와 같고 그 몸길이는 버스 세 대를 합친 길이와 같아요. 학자들은 티타노사우루스 이전에 가장 큰 공룡이었던 아르젠티노사우루스보다 약 10% 정도 더 크다고 추측하고 있지요. 7마리의 뼈대가 함께 발견된 것으로 보아 같은 장소에서 죽은 것으로 추측할 수 있고, 죽은 뒤에 다른 동물들에게 먹힌 흔적도 발견됐어요. 당시 함께 살았던 거대한 수각류 공룡 티라노티탄의 이빨이 같은 장소에서 함께 발견된 거예요. 이 운 좋은 공룡은 티타노사우루스들을 오랜 시간에 걸쳐 포식했을 것이라고 짐작할 수 있지요.

티타노사우루스는 걸을 때 목을 지면과 거의 수평으로 유지했어요. 하지만 먹이를 먹을 때는 목을 14m 높이까지 들어올렸을 것으로 추측해요. 살아남기 위해서 하루에 엄청난 양의 먹이를 먹었으며, 이를 소화하기 위해 거대한 내장이 함께 발달했지요.

제 2 전시실

무시무시한 사냥꾼
수각류 공룡들

수각아목

원시수각류

알로사우루스상과

스피노사우루스과

코엘루로사우리아

티라노사우루스과

오르니토미모사우리아

오비랍토로사우리아

테리지노사우루스과

트로오돈과

드로마에오사우루스과

공룡 시대의 새

수각류 공룡들

수각아목

수각아목은 '맹수의 다리를 가진 공룡'이라는 뜻이에요. 두 다리로 걷고 다른 동물들을 잡아먹는 다양한 공룡이 수각아목에 포함되지요. 수각아목은 앞서 읽은 용각아목과 마찬가지로 용반목에 속해요.

약 2억 3천만 년 전인 트라이아스기 후기에 처음 모습을 드러낸 수각아목은 모든 공룡들이 지구 위에서 모습을 감추기 전까지 땅 위를 지배했어요. 작은 까마귀 크기의 미크로랍토르부터, 티라노사우루스와 기가노토사우루스 같은 사납고 거대한 공룡들까지 종류도 다양했지요. 수각아목에는 다른 동물을 잡아먹는 공룡만 있는 건 아니에요. 특이한 낫 모양의 발톱을 가진 초식 공룡과 곤충을 잡아먹는 공룡, 모든 것을 가리지 않고 먹는 공룡도 있었어요.

최근 발견된 여러 가지 화석 증거들을 통해, 현대의 새가 수각아목 공룡의 후손이라는 사실이 밝혀지고 있어요. 실제로 쥐라기 이후 볼 수 있는 여러 수각아목 공룡을 통해 부리와 V자 형태의 가슴뼈(위시본), 깃털 등 새의 특징들을 찾아볼 수 있지요. 또한 수각아목 공룡이 새처럼 둥지를 짓고 알을 품었다는 사실도 밝혀졌어요. 그렇게 본다면 수각아목 공룡은 지금도 새의 모습을 하고 우리 주변에 남아 있는 셈이에요.

수각아목 공룡의 또 다른 특성으로는 속이 빈 뼈, 먹이를 잡고 찢을 수 있는 날카로운 발톱, 살점을 자를 수 있는 날카롭고 휘어진 톱니모양의 이빨 등이 있어요. 그리고 보통 새처럼 네 개의 발가락이 있었지만 세 발가락만으로 걸었어요. 대부분의 수각아목 공룡이 앞다리와 앞발을 자유롭게 움직일 수 없었기 때문에 쓰임새가 한정적이었고, 심지어 어떤 종류는 앞다리와 앞발을 함께 움직여야 했어요.

쥐라기부터 백악기까지 지상의 가장 압도적인 포식자였던 수각아목 공룡은 현재 거의 모든 대륙에서 그 흔적이 발견되고 있어요. 심지어 1991년에는 남극 대륙에서 중간 크기의 수각아목 공룡인 크리올로포사우루스 화석이 발견되었는데, 이 공룡은 앞쪽으로 난 볏이 있었답니다.

그림 설명

1. 코엘로피시스
학명: *Coelophysis bauri*
시기: 트라이아스기 후기
장소: 북아메리카
몸길이: 3m 몸무게: 25kg

1881년에 처음 발견된 코엘로피시스는 트라이아스기 후기를 대표하는 수각아목 공룡이에요. 1947년에는 뉴멕시코 고스트랜치에서 1,000마리가 넘는 표본이 함께 발견되었지요.
이 공룡은 속이 빈 뼈, 웅크린 앞발, 날카로운 이빨과 발톱 등 수각아목의 주요 특징을 가지고 있어요. 또한 V자 형태의 가슴뼈를 가진 가장 오래된 공룡으로 알려져 있지요. 코엘로피시스는 몸집이 작았지만 빠르고 날렵했으며, 위의 화석에서 발견된 내용물을 통해 작은 악어류를 잡아먹었다는 사실이 밝혀졌어요.
많은 화석이 함께 발견되었다는 것은 코엘로피시스가 무리 지어 사냥했음을 말해 줘요. 하지만 물을 먹기 위해 물웅덩이 주변에 몰려 있다가 갑작스런 홍수에 휩쓸려 갔을 수도 있지요.

2. 코엘로피시스 뼈대
애리조나 화석의 숲에서 발견된 화석이에요. 무게를 지탱하는 세 개의 발가락과 작은 네 번째 발가락을 볼 수 있으며, S자 모양의 긴 목도 뚜렷하게 보여요.

수각류 공룡들

1

원시수각류

원시수각류의 영어 이름 케라토사우리아는 '뿔을 가진 도마뱀'이라는 뜻으로, 2억 2500만 년 전인 트라이아스기 후기에 처음 나타났어요. 이들 무리 가운데 가장 잘 알려진 코엘로피시스는 강한 뒷다리와 긴 꼬리, 그리고 S자 모양의 목을 가진 빠르고 민첩한 사냥꾼이었어요. 많은 화석 표본이 함께 발견되는 것으로 보아 무리 지어 살았으며 함께 사냥했을 가능성도 있지요. 쥐라기 전기어 살았던 원시수각류에는 두 개의 볏을 가졌으며 영화 〈쥐라기 공원〉 덕분에 유명해진 딜로포사우루스가 있고, 쥐라기 후기에 살았던 원시수각류에는 케라토사우루스가 있어요.

원시수각류는 백악기 전기에 북반구 대륙에서 모습을 감추었으며, 대신 남반구의 곤드와나 대륙으로 퍼져 나갔어요. 그리고 나서 비교적 큰 몸집의 포식자였던 아벨리사우루스, 카르노타우루스와 마준가사우루스 등으로 진화했지요. 카르노타우루스는 케라토사우루스와 비슷하게 눈 위에 뿔이 있었으며, 이보다 조금 작았던 마준가사우루스는 마다가스카르의 최상위 포식자였어요. 주로 라페토사우루스 같은 용각류 공룡을 잡아먹었으며, 동족을 잡아먹은 직접적인 증거가 있는 유일한 공룡이지요.

원시수각류 가운데는 독특한 모습을 한 공룡들이 많았어요. 이빨이 없는 작은 초식 동물인 리무사우루스, 입 앞으로 툭 튀어나온 이빨이 있어 물고기와 작은 척추동물을 잡아먹었던 것으로 추정되는 마시아카사우루스가 대표적이에요.

그림 설명

1. 케라토사우루스

학명: *Ceratosaurus nasicornis*
시기: 쥐라기 후기
장소: 미국
몸길이: 7m 몸무게: 700kg

케라토사우루스는 코 위의 큰 뿔과 두 눈 위의 뿔 같은 돌기가 특징인 중간 크기의 수각아목 공룡이에요. 등을 따라 '뼈 피부'라 불리는 돌기가 줄지어 나 있지요. 케라토사우루스의 뿔에 대한 학자들의 의견은 조금씩 달라요. 일부 학자들은 암컷을 향한 짝짓기 경쟁에서 수컷들끼리 싸울 때 사용되었을 것으로 생각하는 반면에 다른 학자들은 부러지기 쉬운 특성 때문에 단지 구애를 위한 과시 행동에만 사용되었다고 생각하지요. 이런 경우라면 아마 케라토사우루스의 뿔은 밝은 색을 띠었을 것으로 추측해요. 케라토사우루스는 거대 수각류 공룡인 알로사우루스, 타르보사우루스와 같은 시대에 살았어요. 이들 모두 용각류 공룡들을 먹이로 삼았지만 케라토사우루스의 경우에는 조각류 공룡 같은 비교적 작은 공룡을 먹이로 삼았을 거예요. 살을 가르는 데 적합한 칼날 같은 큰 이빨이 있었으며 두개골은 가벼웠어요. 입을 닫았을 때도 아래턱 밑으로 튀어 나올 만큼 긴 이빨을 가진 표본이 발견되기도 했지요. 용각류 공룡의 뼈에서도 이들의 이빨 자국이 발견되는데, 이는 이들이 자기보다 몸집이 큰 공룡을 사냥했거나 적어도 사체를 먹었다는 것을 말해 주지요. 케라토사우루스의 화석이 주로 발견된 미국 남서부 지역은 쥐라기 후기에 늪지대로 뒤덮여 있었어요. 그래서 케라토사우루스의 길고 유연한 꼬리가 물속에서 먹이를 사냥하기 위해 헤엄치는 데 유용했을 것으로 추측해요.

수각류 공룡들

알로사우루스상과

    이 무시무시한 포식자 무리는 알로사우루스과와 카르카로돈토사우루스과로 이루어져 있어요. 알로사우루스과 공룡은 중형 혹은 대형 육식 동물로, 쥐라기 후기의 가장 성공적인 사냥꾼이었어요. 이 가운데 가장 유명한 종인 알로사우루스는 칼처럼 생긴 이빨과 무시무시한 발톱, 그리고 튼튼하고 긴 다리로 미국 중서부를 지배했지요. 조각류 공룡뿐만 아니라 용각류 공룡까지 모두 알로사우루스의 먹이가 되었어요.

    알로사우루스과 공룡은 돌기가 있는 큰 두개골과 세 개의 발가락이 달린 앞발이 있었으며, 북아메리카, 아프리카와 아시아에서 주로 발견됐어요. 티라노사우루스과 공룡과는 다르게 알로사우루스과 공룡은 먹이를 잡을 수 있는 적당한 크기의 강력한 앞다리를 가지고 있었어요. 이들은 카르카로돈토사우루스과 공룡으로 진화했는데, 카르카로돈토사우루스과 공룡은 스피노사우루스과 공룡과 함께 백악기 곤드와나 대륙을 지배했지요. 일부 화석은 북아메리카와 아시아에서도 발견되었어요.

    카르카로돈토사우루스과 공룡에는 영국의 와이트섬에서 발견된 무서운 사냥꾼 네오베나토르를 포함하여, 티라노사우루스와 크기를 견줄 수 있는 기가노토사우루스, 마푸사우루스, 카르카로돈토사우루스 등이 있어요. 그중에서도 기가노토사우루스는 먹이를 자를 수 있는 날카로운 이빨이 가득한 두개골과 버스만큼 기다란 몸통을 가지고 있었지요. 이 거대한 카르카로돈토사우루스과 공룡들은 백악기 동안 남반구에서 거대한 티타노사우루스과 공룡을 사냥했을 것으로 추측해요.

카르카로돈토사우루스과라는 이름이 유래한 카르카로돈토사우루스는 하마터면 학계에서 사라질 뻔했어요. 1920년대에 이집트에서 에른스트 스트로머에 의해 처음 발견된 화석이 독일로 건너가 보관되었는데, 제2차 세계 대전 때 폭격에 의해 스피노사우루스 화석과 함께 파괴되었거든요. 그러다가 1995년에 폴 세레노에 의해 모로코 남동쪽 사하라 사막에서 스트로머의 설명과 일치하는 거대한 두개골과 일부 뼈대가 발견됐고, 그제서야 이 공룡에 대한 연구가 다시 진행되었답니다.

― 그림 설명 ―

1. 카르카로돈토사우루스

학명: *Carcharodontosaurus saharicus*
시기: 백악기 중기
장소: 아프리카
몸길이: 13m 몸무게: 6,000kg

카르카로돈토사우루스는 '날카로운 이빨을 가진 도마뱀' 또는 '톱니 모양의 이빨을 가진 도마뱀'을 뜻해요. 20cm나 되는 톱니 모양의 이빨로 가득한 두개골은 왜 이런 이름이 붙었는지를 잘 보여 주지요. 두개골을 살펴보면 뇌의 크기와 귀 안쪽의 모양이 새보다는 오늘날 파충류와 비슷한 것을 알 수 있어요.

카르카로돈토사우루스는 모든 시대를 통틀어 가장 큰 육상 포식자 중 하나였지만, 늘 먹이 경쟁을 해야 했어요. 같은 시기 같은 장소에 중생대를 통틀어 가장 힘센 포식자 중 하나였던 18m 길이의 스피노사우루스가 있었기 때문이지요.

2. 알로사우루스

학명: *Allosaurus fragilis*
시기: 쥐라기 후기
장소: 미국
몸길이: 8.5m 몸무게: 1,700kg

알로사우루스는 근육질의 S자 모양의 목, 거대한 두개골, 긴 꼬리, 그리고 뒷다리에 비해 짧은 앞다리를 가진 전형적인 대형 수각류 공룡이에요. 먹이를 잘라내기 쉽도록 이빨의 끝이 톱처럼 생겼지요. 알로사우루스는 매우 활발한 포식자였다고 알려져 있어요. 스테고사우루스의 꼬리 가시에 구멍이 난 알로사우루스의 꼬리뼈가 알로사우루스의 이빨 자국이 있는 스테고사우루스의 목판과 함께 발견되어 이 두 동물이 서로 목숨을 걸고 싸웠음을 추측할 수 있기 때문이에요. 알로사우루스는 무는 힘이 강하지는 않아 커다란 초식 공룡을 제압하기는 쉽지 않았어요. 그래서 끊임없이 공격해 먹이의 힘을 빼는 방식으로 사냥을 했을 거라고 추측해요.

수각류 공룡들

스피노사우루스과

　스피노사우루스과를 대표하는 스피노사우루스는 지금까지 발견된 가장 큰 포식자라고 할 수 있어요. 다른 대형 육식 공룡과 다르게 두개골이 길쭉했으며, 물고기를 찌르는 데 적합한 원뿔 모양의 이빨을 가지고 있었어요. 하지만 물고기만 먹은 것은 아니에요. 스피노사우루스과 무리 가운데 하나인 바리오닉스의 위에서 물고기의 비늘과 함께 어린 이구아노돈의 뼈가 발견되었거든요.
　스피노사우루스과 공룡은 쥐라기 후기에 처음 나타났으며 백악기 초기에 번성했어요. 이 무리는 바리오닉스아과와 스피노사우루스아과로 나누어져요. 스피노사우루스아과에는 북아프리카에서 발견된 스피노사우루스와 브라질에서 발견된 볏이 달린 이리타토르가 속하지요. 이리타토르는 '짜증 나는 공룡'이라는 뜻을 가지고 있어요. 처음 화석을 발견한 화석 밀렵꾼들이 두개골에 붙인 주둥이를 훼손하는 바람에, 이를 연구하는 학자들을 곤란하게 했기 때문에 붙인 이름이랍니다.
　바리오닉스는 바리오닉스아과 공룡 가운데 가장 먼저 발견된 공룡이에요. 그 이름은 '무거운

발톱'이라는 뜻으로, 곡선으로 휘어진 무시무시한 엄지발톱에서 유래했지요. 이 발톱은 자신을 방어하거나 물고기를 잡는 데 유용하게 쓰였을 것으로 추측해요. 이 무리에는 '악어를 닮은 공룡'이라는 뜻을 가진 수코미무스도 포함되는데, 그 크기가 오늘날 가장 큰 악어의 두 배나 되었다고 해요.

그림 설명

1. 스피노사우루스

학명: *Spinosaurus aegyptiacus*
시기: 백악기 중기
장소: 이집트
몸길이: 18m 몸무게: 9,000kg

스피노사우루스는 등에 2m가 넘게 곤두서 있는 커다란 돛과 서로 맞물리는 구조의 이빨들이 박혀 있는 긴 주둥이 때문에 보는 것만으로도 두려움을 일으키게 해요. 카르카로돈토사우루스 같은 다른 수각류 공룡이 육상에서 다른 거대한 먹이를 상대하는 동안, 물고기나 다른 수중 동물 혹은 해변에 사는 먹이를 사냥했을 거예요. 거대한 실러캔스(고대에 살았던 물고기의 한 종류), 톱상어, 폐어, 상어 등이 스피노사우루스의 주된 먹이였지요. 스피노사우루스가 물속에서도 적응해 살았다는 것을 보여 주는 특징도 있어요. 주둥이 위에 달린 콧구멍은 몸의 대부분이 물에 잠겨 있어도 숨을 쉴 수 있었다는 것을 의미해요. 원시 고래처럼 짧은 뒷다리, 펭귄처럼 물에 오래 있을 수 있도록 밀도가 높은 뼈, 노 젓기에 적당한 넓고 평평한 발도 이를 뒷받침하지요. 스피노사우루스의 등에 달린 돛의 용도는 학자들 사이에서 오랫동안 논쟁거리였어요. 하지만 오늘날 많은 학자들은 포식자들에게 경고하거나 짝을 유혹하는 등의 과시용으로 사용되었을 것으로 믿고 있지요. 현재 살고 있는 여러 파충류의 돛처럼 밝은 색을 띠었을 것으로 추측해요.

수각류 공룡들

1_a
1_b
1_c
1_d

코엘루로사우리아

공룡을 분류하는 방식은 학자들의 연구가 진전되거나 새로운 화석의 조사가 이루어짐에 따라 계속해서 변하고 있어요. 속이 빈 꼬리를 가진 도마뱀 무리를 뜻하는 코엘루로사우리아는, 알로사우루스상과 공룡이나 원시수각류 공룡에 비해 오늘날의 새와 좀 더 가까운 공룡을 포함하고 있지요.

코엘루로사우리아는 티라노사우루스과(거대한 코엘루로사우루스), 오르니토미모사우리아(새를 닮은 도마뱀)와 마니랍토라 세 무리로 나뉘어요. 마니랍토라에는 테리지노사우루스과(초식 수각류 공룡), 알바레즈사우루스과(식충 수각류 공룡), 트로오돈과(작고 새를 닮은 수각류 공룡), 드로마에오사우루스과(랍토르 공룡)와 새가 포함되지요.

코엘루로사우리아에 속한 모든 공룡에게서 깃털 혹은 '공룡 털'이라고 부를 수 있는 흔적이 발견되고 있어요. 많은 학자들 역시 평생 혹은 생애 어느 시기에라도 깃털을 가지고 있었을 것이라고 믿고 있지요. 그래서 이 공룡들을 통해 한 가닥의 머리카락 같은 털로부터 현대의 새에서 볼 수 있는 깃털까지 흥미로운 깃털의 진화를 살펴볼 수 있어요. 날지 않은 공룡의 화석에서 깃털의 흔적이 발견되는 것은 깃털이 꼭 비행을 위해서 존재한 것은 아니었음을 짐작하게 해요. 위장, 보온, 둥지의 재료

혹은 짝을 유혹하거나 경쟁자들에게 자신을 과시하기 위해서도 사용되었을 거예요.

이처럼 코엘루로사우리아는 우리에게 공룡의 진화에 대한 새롭고 흥미로운 이야기를 들려 준답니다. 이를 통해 공룡이 느릿느릿 움직이는 비늘로 뒤덮인 초록빛 괴물이라는 생각을 깨트리고, 아름다운 무지갯빛 색을 띤 깃털 달린 생물일 수도 있다는 상상을 이끌어내지요.

── 그림 설명 ──

1. 공룡 털의 진화

a) 단순하고 가늘며 속이 빈 형태의 털이에요. 1억 5000만 년 전에 처음 나타난 프시타코사우루스 화석에서 발견되었어요.
b) 솜털처럼 보송보송한 털 다발이에요. 딜롱 화석에서 처음 발견되었어요.
c) 중심 축에서 많은 털이 나오는 형태예요. 시노르니토사우루스 화석에서 처음 발견되었어요.
d) 축이 중앙에서 벗어난 비대칭 형태의 깃털이에요. 새에서 볼 수 있어요.

2. 딜롱

학명: *Dilong paradoxus*
시기: 백악기 전기
장소: 중국
몸길이: 2m 몸무게: 10kg

딜롱은 티라노사우루스의 원시 친척으로 몸집이 매우 작았어요. 무리 가운데 처음으로 보온을 위한 풍성한 솜털이 발견되었지요. 다른 티라노사우루스류 공룡처럼 딜롱도 강한 턱과 고기를 찢기에 적합한 이빨이 있었는데, 딜롱의 화석을 통해 새를 닮은 작은 공룡만이 깃털을 가진 것이 아니라는 사실이 밝혀졌지요.

일부 학자들은 딜롱의 풍성한 솜털을 보고, 어린 티라노사우루스류 공룡들이 모두 비슷한 털 달린 가죽을 가졌을 것으로 짐작하고 있어요. 코끼리와 고래가 자라면서 유아기 때부터 가지고 있던 털을 벗어 버리듯, 이 공룡들도 마찬가지로 자라면서 털이 사라졌을 거라고 믿지요.

수각류 공룡들

티라노사우루스과

티라노사우루스는 '폭군 도마뱀'이라는 뜻이에요. 이 공룡에 딱 어울리는 이름이지요. 이 무리의 거대한 포식자들, 북아메리카의 고르고사우루스, 다스플레토사우루스, 알베르토사우루스와 티라노사우루스, 그리고 티라노사우루스와 매우 가까운 사촌인 아시아의 타르보사우루스는 백악기의 마지막 2천 년 동안 육지를 지배했어요. 이들은 공통적으로 짧고 두꺼운 두개골을 가지고 있었어요. 이 덕분에 다른 어떤 공룡에서도 볼 수 없는 강력한 무는 힘을 만들어냈지요. 다른 육식 공룡이 면도날처럼 날카로운 이빨을 가지고 있었던 것에 비해 이 무리의 공룡은 거대한 바나나 모양의 이빨이 있어서 마치 거대한 못처럼 동물의 뼈를 부술 수 있었어요. 또한 S자 모양의 목에 거대한 머리, 두 개의 발가락이 달린 앞발과 긴 뒷다리, 균형을 잡아 주는 무겁고 긴 꼬리 등 전형적인 티라노사우루스의 특징을 공유했어요.

대형 티라노사우루스과 공룡은 케라톱스류나 하드로사우루스류 공룡을 잡아먹었을 것으로 추측해요. 가끔 티라노사우루스의 화석에서 다른 티라노사우루스과 공룡의 이빨 자국이 보이기도 하는데, 이는 무리의 공룡이 먹이를 두고 서로 경쟁했거나, 서로 잡아먹었을 지도 모른다는 가설을 뒷받침해 주지요. 티라노사우루스는 앞발이 비정상적으로 짧았기 때문에 한번 쓰러지면 일어서기가 상당히 어려웠을 거예요. 그래서 덜 자란 공룡은 매우 빠르게 달릴 수 있었지만 다 자란 공룡은 그렇게 움직이지 않았을 것으로 생각해요. 하지만 먹이를 사냥할 만큼의 속도는 낼 수 있었을 거예요. 때로는 죽은 고기도 먹었을 것이라고 추측해요.

같은 장소에서 서로 다른 성장기의 알베르토사우루스의 흔적들이 함께 발견된 것과 고비 사막에서 68개의 타르보사우루스의 뼈대가 함께 발견된 것은 일부 티라노사우루스과 공룡이 함께 살고 함께 사냥하는 습성을 가지고 있었다는 것을 암시하지요.

그림 설명

1. 티라노사우루스
학명: *Tyrannosaurus rex*
시기: 백악기 후기
장소: 북아메리카
몸길이: 12m 몸무게: 6,000kg

1902년에 처음 발견된 티라노사우루스는 아마 우리에게 가장 익숙하고, 가장 인기 있는 공룡일 거예요. 강력한 무는 힘을 가진 턱과 60개의 이빨, 뛰어난 후각을 가진 티라노사우루스는 의심할 바 없는 백악기 후기 최고의 포식자였어요. 2012년, 작은 체구의 티라노사우루스과 공룡 유티라누스의 화석에서 20cm 길이의 깃털이 발견되었어요. 이를 통해 학자들은 티라노사우루스가 다른 공룡처럼 깃털로 덮여 있었고 무리 지어 사냥했을 가능성에 대해 생각하게 되었지요.

티라노사우루스는 다른 공룡에 비해 완전한 화석 표본이 많이 발견되었어요. 학자들이 티라노사우루스의 외형 발달과 행동에 대한 세밀한 그림을 그릴 수 있을 정도로 많은 연구가 진행되었지요. 이 덕분에 티라노사우루스가 13세에서 17세 사이에 매우 빠르게 성장해 20대 초반에 완전히 자란다는 사실은 이미 많은 사람들이 알고 있어요. 어렸을 때 나 있는 면도날 같은 날카로운 이빨은 점점 원뿔 모양으로 변하고, 두개골은 두꺼워지며, 몸통도 엄청나게 거대해진다는 사실도요. 그런데 이렇게 다 자란 티라노사우루스는 그렇게 많지 않았어요. 지금까지 발견된 티라노사우루스의 화석 가운데 2%만이 수명을 다해 묻힌 경우라고 해요. 이는 당시의 치열했던 생존 경쟁을 짐작하게 하지요.

1

수각류 공룡들

오르니토미모사우리아

　오르니토미모사우리아에 속하는 공룡은 길고 튼튼한 다리, 커다란 눈, 호리호리한 목, 깃털과 부리를 가지고 있어서 오늘날의 타조와 매우 비슷하게 보여요. 이 무리의 이름은 '새를 닮은 도마뱀'을 뜻하지만, 일반적으로 '타조 공룡'으로 알려져 있지요. 백악기 전기에 처음 나타났으며, 공룡이 멸종할 때까지 살아남았어요. 스페인과 남아프리카에서 일부 화석이 발견되었으나 대부분의 화석은 북아메리카와 아시아에서 발견되었지요.

　오르니토미모사우리아 가운데 펠레카니미무스, 하르피미무스 같은 원시 종은 몸집이 작았으며 이빨이 많았어요. 반면 갈리미무스, 스트루티오미무스와 같이 좀 더 진화한 오르니토미모사우리아 무리들은 부리에 이빨이 없었지요. 일부는 몸집이 커지기도 했는데, 갈리미무스는 몸길이가 8m나 되었어요.

　오르니토미모사우리아 공룡은 오늘날의 타조와 견줄 수 있을 만큼 매우 빨랐을 것으로 추측해요. 빠른 속도는 먹이를 잡을 때보다는 포식자로부터 도망갈 때 더 유리했을 거예요. 한번에 삼킬 수 있는 작은 동물을 먹기도 했겠지만 주로 식물을 먹었을 것으로 보여요. 오늘날의 초식 동물들처럼 삼킨 식물을 소화시킬 수 있는 위석이 있었으며, 나무늘보처럼 긴 앞다리는 줄기를 잡아당겨 잎을 훑는 데 편리했을 거예요.

　오르니토미모사우리아 공룡은 북아메리카에서 가장 많은 수의 화석이 발견되는 공룡 가운데 하나예요. 일반적으로 생태계에서 초식 동물이 육식 동물보다 압도적으로 많다는 것을 생각해 본다면, 이들 역시 초식 동물이었음을 짐작할 수 있어요. 빠른 다리가 있었지만 다른 육식 공룡과 경쟁할 능력은 없었기 때문에 이들로부터 자신을 지키기 위해 대부분 무리 지어 살았을 거예요.

― 그림 설명 ―

1. 오르니토미무스
학명: *Ornithomimus edmontonicus*
시기: 백악기 후기
장소: 북아메리카
몸길이: 3.8m **몸무게:** 170kg

오르니토미무스는 기존에는 비늘로 덮여 있었을 것으로 추측되었어요. 하지만 최근에 깃털의 흔적이 뚜렷한 오르니토미무스 표본이 발견되었지요. 다 자란 화석의 경우 앞다리 아래에 오늘날 새와 비슷한 깃털의 흔적이 보였고, 성장기 화석의 경우는 놀랍게도 앞다리와 목이 5cm 길이의 머리카락 같은 털로 덮여 있었다고 해요. 2015년에는 꼬리를 따라 깃털이 난 최초의 표본이 발견되기도 했어요. 오르니토미무스는 너무 무거워 날지는 못했을 거예요. 그래서 이 긴 깃털은 짝짓기 때 과시용으로 사용했을 것으로 추측하지요.

2. 데이노케이루스
학명: *Deinocheirus mirificus*
시기: 백악기 후기
장소: 몽골
몸길이: 12m **몸무게:** 6,000kg

지난 50년 동안 이 화석은 20cm 길이의 발톱을 가진 2.4m 길이의 앞다리 한 쌍만이 발견되었어요. 처음에는 거대한 육식 동물의 일부분일 것으로 짐작했지만, 최근의 연구를 통해 등에 큰 혹이 있는 이상한 모양의 오르니토미모사우리아 공룡의 일부분임이 밝혀졌지요. 데이노케이루스의 긴 주둥이는 오리와 비슷했으며 부리에는 이빨이 없었어요. 커다란 앞발은 싸우거나 사냥할 때 쓰이기보다는 먹이를 모으거나 가지를 당기는 데 사용되었을 것으로 추측해요. 데이노케이루스의 비밀은 우리나라를 대표하는 고생물학자인 이융남 박사팀의 연구를 통해 밝혀졌어요.

수각류 공룡들

오비랍토로사우리아

새를 닮은 오비랍토로사우리아는 북아메리카에서 일부 화석이 발견되었지만, 대부분의 화석은 아시아에서 발견되었어요. 백악기 후기에 두 대륙은 베링 육교로 연결되어 있었으며, 이때 공룡의 이동이 가능했을 거예요. 일부 학자들은 이 무리가 새와 너무 비슷해서 새에 포함시키기도 해요. 앵무새와 비슷한 부리가 특징이며 정교한 볏을 가진 종도 많았어요. 칠면조만 한 카우딥테릭스로부터 8m 가까이 크게 자랐던 기간토랍토르까지 크기도 다양했지요.

카우딥테릭스 같은 원시 오비랍토로사우리아 공룡은 부리에 네 쌍의 이빨이 있었으며, 괴상한 모양을 한 인시시보사우루스는 입 앞쪽에 거대한 뻐드렁니가 있었어요. 하지만 이후의 오비랍토로사우리아 공룡은 대부분 이빨이 없었어요. 잘 보존된 화석들을 통해 오비랍토로사우리아 공룡의 많은 종이 날개 깃털이 있었음이 알려졌어요. 적어도 네 종에서는 오늘날 새들의 미단골과 비슷한 꼬리뼈 구조가 발견되었어요. 새의 경우에는 미단골에서 꼬리 깃털이 나지요.

오비랍토르라는 이름은 '알 도둑'을 뜻해요. 최초의 화석 표본이 프로토케라톱스 둥지 화석에서 발견되었기 때문에 이들이 다른 공룡의 알을 훔쳐 먹었다고 생각한 거예요. 하지만 이후의 연구를 통해 오비랍토르가 다른 공룡의 알을 훔쳐 먹은 것이 아니라 자신의 알을 품는 습성이 있었다는 것이 밝혀졌지요. 이 이론은 이후 둥지에서 알을 품은 채 발견된 키티파티의 화석이 발견되면서 더욱 힘을 얻었어요. 키티파티는 오비랍토르와 매우 가까운 친척이에요.

오비랍토로사우리아 공룡은 대부분 잡식성이었을 것으로 추측해요. 한 오비랍토르 위에선 작은 도마뱀의 뼈가, 키티파티의 위에서는 새끼 트로오돈의 두개골이 발견된 반면에, 카우딥테릭스의 위에선 위석이 발견되었기 때문이에요.

― 그림 설명 ―

1. 기간토랍토르
학명: *Gigantoraptor erlianensis*
시기: 백악기 후기
장소: 몽골
몸길이: 8m 몸무게: 1,400kg
이 거대한 오비랍토로사우리아 공룡은 기린만큼 키가 컸으며, 같은 무리에서 두 번째로 큰 공룡인 키티파티보다 35배나 더 큰 몸집을 가지고 있었어요. 공룡 연구 초기에 같은 지역에서 무려 53cm나 되는 공룡 알이 발견되었는데, 바로 이 공룡이 알의 주인으로 밝혀졌지요. 지금까지 알려진 가장 큰 부리를 가진 공룡이며, 만약 깃털이 있었다면 모든 시대, 모든 동물을 통틀어 깃털을 가진 가장 큰 동물이었을 거예요.

2. 안주
학명: *Anzu wyliei*
시기: 백악기 후기
장소: 북아메리카
몸길이: 3m 몸무게: 225kg
'지옥의 닭'이라는 별명을 가진 안주는 아시아 밖에서 발견된 가장 완전한 형태의 오비랍토로사우리아 공룡이에요. 이 공룡으로 인해 학자들은 아메리카의 오비랍토로사우리아에 대해 더 자세한 그림을 그릴 수 있었지요. 안주 화석의 입천장에서는 오늘날 알을 먹는 뱀과 비슷한 작은 갈래의 뼈들이 발견되었는데, 이는 '알 도둑'이라는 오비랍토로사우리아의 별명이 틀리지 않음을 보여 주지요.

3. 허위안니아
학명: *Heyuannia huangi*
시기: 백악기 후기
장소: 중국
몸길이: 1.5m 몸무게: 20kg
허위안니아는 볏이 없는 오비랍토로사우리아 공룡으로 수천 개의 알과 함께 화석이 발견되었어요. 알은 포식자들의 눈을 피하기 위해 청록색이었을 것으로 추측해요.

수각류 공룡들

테리지노사우루스과

북아메리카와 아시아에서 대부분의 화석이 발견된 테리지노사우루스과 공룡은 가장 독특한 모양을 한 공룡에 속하며, 학자들에게는 수십 년 동안 수수께끼와 같은 존재였어요. 긴 목과 넓은 몸통, 그리고 네 발가락이 달린 뒷다리는 원시용각류 공룡을 떠올리게 해요. 하지만 앞발목과 골반뼈에 대한 정밀한 조사를 통해 수각류에 속하는 초식 동물이었음을 알게 되었지요. 이 무리의 공룡은 무거운 몸과 육중하고 불룩한 배, 짧은 다리 때문에 빨리 달리기가 힘들어 직접 사냥을 하기는 힘들었을 거예요. 더구나 나뭇잎 모양의 작은 이빨이 나란히 나 있는 턱은 식물을 우적우적 씹어먹는 데 알맞았으며, 둥근 부리는 잎들을 자르는 데 더없이 편리했지요.

하지만 아직까지도 먹이를 사냥하기 위해 만들어진 것처럼 보이는 앞다리와 발톱은 학자들 사이에서 의문점으로 남아 있어요. 무리 가운데 가장 컸던 테리지노사우루스는 2m 길이의 앞다리에 길이가 90cm나 되는 낫 모양의 발톱이 달려 있었어요. 모든 시대를 통틀어 지금까지 알려진 가장 긴 발톱이지요. 이 동물이 사냥을 하지 않았다면 대체 발톱의 용도는 무엇이었을지 무척 궁금해요.

오늘날 학자들은 테리지노사우루스과 공룡이 오늘날의 나무늘보처럼 휘어진 발톱으로 가지를 붙잡고 잎들을 잘랐을 것으로 추측해요. 하지만 용도가 이것만은 아니었을 거예요. 예를 들어 테리지노사우루스는 티라노사우루스의 가장 가까운 친척인 포식자 타르보사우루스와 같은 서식지에서 살았는데, 그렇게 본다면 날카로운 발톱은 자신을 방어하는 데 유용하게 사용했을 수도 있지요.

여러 가지 증거를 통해 이들이 무리 지어 생활했다고 추측하는 학자들이 많아요. 이들 무리 가운데 가장 원시적인 종인 팔카리우스의 경우 표본 3백 개가 한 장소에서 함께 발견되었으며, 2011년에는 테리지노사우루스의 둥지 17개가 모여 있는 장소가 발견되기도 했지요. 한 장소에서 그렇게 많은 둥지가 발견되었다는 것은 적어도 번식기 동안에는 테리지노사우루스과 공룡이 무리 지어 생활했음을 추측하게 해요.

그림 설명

1. 테리지노사우루스
학명: *Therizinosaurus cheloniformis*
시기: 백악기 후기
장소: 몽골
몸길이: 10m 몸무게: 5,000kg

테리지노사우루스는 지금까지 앞다리, 뒷다리, 납작한 갈비뼈, 그리고 강력한 앞발과 발톱이 달린 불완전한 뼈대만이 발견되었어요. 1948년에 몽골 남서부의 네머그트 지층에서 처음 발견되었는데, 맨 처음에는 거북 모양을 한 도마뱀의 일부라고 생각했어요. 그래서 이름도 '거북 모양의 큰 낫 도마뱀'이라는 뜻으로 지어졌지요. 1970년에 비로소 공룡으로 분류되었지만, 테리지노사우루스과 공룡이 어떤 모습을 하고 있는지 정확히 짐작할 수 없었어요. 1973년에 또 다른 테리지노사우루스과 공룡인 세그노사우루스가 발견된 후 비로소 대강의 모습을 추측할 수 있었지요.

세그노사우루스의 화석에는 두개골과 나뭇잎 모양의 이빨이 드러나 있었는데, 이를 통해 처음으로 테리지노사우루스과 공룡이 초식 동물이었음을 알게 되었어요. 1996년에는 좀 더 원시적인 형태인 베이피아오사우루스가 발견되었는데, 이들의 피부를 통해 테리지노사우루스과 공룡이 길고 풍성한 깃털 같은 섬유로 덮여 있었다는 것을 알게 되었지요.

수각류 공룡들

트로오돈과

트로오돈과 공룡은 새를 닮은 외모에 다리가 길고, 빠르게 달릴 수 있는 수각류 육식 동물이었어요. 북반구에 넓게 서식했기 때문에 북쪽으로는 알래스카 대륙에서 남쪽으로는 미국 서부 와이오밍주, 동쪽으로는 몽골까지 화석이 발견되었어요. 이 무리에 속한 공룡으로는 백악기 전기에 중국에서 살았던 오리 크기의 공룡 메이, 백악기 후기에 고비 사막에서 살았던 사우로르니토이데스와 보로고비아가 있지요. 지금까지 발견된 가장 큰 공룡은 알래스카에서 발견되었으며 4m까지 자랐다고 해요.

이들은 능숙하고 솜씨 좋은 사냥꾼이었어요. 발달한 청각을 가졌으며 한쪽 귀가 다른 쪽 귀보다 약간 높게 위치했는데, 이러한 특징은 오늘날 부엉이에서만 볼 수 있지요. 덕분에 깜깜한 밤에도 청각만으로 먹이의 정확한 위치를 찾을 수 있었어요. 또한 정면을 향한 큰 눈은 사물을 입체적으로 볼 수 있었기 때문에 희미한 빛 아래서도 사냥하는 데 큰 어려움이 없었지요.

어린 에드몬토사우루스의 화석에서 트로오돈의 이빨 자국이 발견된 것으로 보아 트로오돈과 공룡은 종종 잠들어 있는 어린 하드로사우루스류 공룡을 공격했을 것으로 보여요. 이들은 무리 지어 사냥을 하기도 했는데, 몸집이 비교적 작았기 때문에 서로 도와 큰 먹이를 쓰러뜨렸을 거예요. 하지만 대부분은 작은 포유동물, 도마뱀와 곤충을 잡아먹고 살았다고 추측해요. 짧지만 날카로운 발톱은 먹이를 움켜쥐거나 곤충을 찾기 위해 땅을 파헤치는 데 사용되었을 거예요.

트로오돈과 공룡은 지능이 높기로 유명해요. 일반적으로 동물의 지능은 몸크기에 대한 뇌의 비율과 연관이 있는데, 이 무리의 공룡은 오늘날 포유동물과 비슷하게 몸무게의 100분의 1쯤에 해당하는 커다란 뇌를 가지고 있었답니다.

그림 설명

1. 트로오돈

학명: *Troodon formosus*
시기: 백악기 후기
장소: 북아메리카
몸길이: 2m **몸무게**: 50kg

트로오돈은 1856년 미국 몬태나에서 뒤로 휜 톱니 모양의 이빨이 발견되면서 처음 알려졌어요. 이 사건은 '상처 주는 이빨'을 뜻하는 이 공룡의 이름에 그대로 반영되었지요. 당시 트로오돈은 북아메리카에서 처음으로 발견된 공룡 가운데 하나였지만 이빨은 도마뱀의 것으로 받아들여졌어요. 이후에 오늘날 새들의 조상으로 여겨지는 마니랍토라 무리에 속하게 되었지요. 트로오돈은 7500만 년 전부터 6600만 년 전까지 백악기 후기에 번성했어요. 다른 트로오돈과 공룡과 같이 길고 날씬한 뒷다리와 두 번째 발가락에 오므릴 수 있는 낫 모양의 큰 발톱을 가지고 있었지요. 이 발톱은 달리는 동안 접을 수 있었어요. 1984년 고생물학자 잭 호너에 의해 19개의 알이 들어 있는 트로오돈 둥지 화석이 발견되었어요. 둥지는 접시 모양이었으며, 퇴적물이 쌓인 다음 굳어져 만들어졌어요. 놀랍게도 각각의 알에는 작은 뼈대가 잘 보존되어 있었는데, 그것이 바로 최초로 발견된 공룡의 태아였답니다.

1

수각류 공룡들

드로마에오사우루스과

깃털이 달린 포식자였던 드로마에오사우루스과 공룡은 매우 날렵했으며 빠르게 달릴 수 있었어요. 쥐라기 중기에 처음 등장했지만 백악기에 와서야 번성하여 전 지구로 퍼져나갔어요. 이들은 S자 모양의 목을 가졌고 다른 마니랍토라 공룡과 같이 앞다리가 길었는데, 일부는 오늘날의 새처럼 날개를 몸 쪽으로 접을 수 있었어요. 또한 앞다리에는 긴 발톱이 달린 세 개의 발가락이 있어 먹이를 움켜쥐기도 했어요.

일반적으로 '랍토르'라는 이름으로 잘 알려진 에우드로마에오사우리아, 즉 '진짜 드로마에오사우루스 공룡' 무리는 드로마에오사우루스과 공룡 무리의 하위 집단이에요. 다른 드로마에오사우루스과 공룡보다 몸집이 컸는데, 그 중 미국에서 발견된 유타랍토르는 지금의 북극곰과 비슷한 커다란 몸집을 자랑했지요. 이들은 주로 척추동물을 잡아먹었으며, 트로오돈과 공룡처럼 두 번째 발가락에 낫 모양의 발톱이 있었어요. 이 치명적인 발톱은 달리는 동안에는 들려 있었지만 큰 공룡을 사냥할 때는 강력한 무기로 사용했지요. 아마도 커다란 공룡의 몸에 올라타거나, 먹이를 찢고 가를 때 유용했을 거예요.

2001년, 드로마에오사우루스과 공룡의 습성을 연구하는 데 환한 빛이 되어 준 사건이 있었어요. 사암 지층에서 각기 다른 연령의 유타랍토르 화석이 초식 동물인 이구아노돈 공룡 화석과 함께 발견된 거예요. 학자들은 유타랍토르들이 모래 구덩이에 갇힌 이구아노돈 무리를 공격하다가 자신들도 함께 갇힌 것으로 추측해요. 만약 이것이 사실이라면 드로마에오사우루스과 공룡이 함께 어울려 사냥을 했다는 증거가 되지요.

그림 설명

1. 밤비랍토르
학명: *Bambiraptor feinbergi*
시기: 백악기 후기
장소: 미국
몸길이: 1m 몸무게: 2kg
밤비랍토르는 아주 작은 드로마에오사우루스과 공룡이에요. 발견된 화석이 어린 연령이었기 때문에 디즈니 만화 영화의 등장인물인 '밤비'라는 이름이 붙게 되었지요. 이 공룡은 긴 뒷다리를 가지고 있어서 빠르게 달릴 수 있었고, 몸 크기에 비해 비교적 큰 뇌를 가지고 있었어요.

2. 데이노니쿠스
학명: *Deinonychus antirrhopus*
시기: 백악기 중기
장소: 미국
몸길이: 3.4m 몸무게: 73kg
데이노니쿠스라는 이름은 '무시무시한 발톱'을 뜻해요. 낫 모양의 치명적인 발톱은 먹이를 가를 때 사용했을 거예요.

3. 다코타랍토르
학명: *Dakotaraptor steini*
시기: 백악기 후기
장소: 미국
몸길이: 5.5m 몸무게: 200kg
다코타랍토르는 드로마에오사우루스과 공룡 가운데 유타랍토르 다음으로 몸집이 컸어요. 앞다리에 날개깃이 있었는데, 이는 사냥할 때 몸의 균형을 유지하는 데 필요했을 거예요. 몸이 너무 무거워 날지는 못했기 때문에, 깃털이 하늘을 날기 위해 진화한 것은 아님을 알려 주지요. 티라노사우루스와 같은 시대, 같은 장소에서 살았기 때문에 무리 지어 사냥하며 어린 티라노사우루스와 경쟁을 했을 거라고 추측해요.

수각류 공룡들

공룡 시대의 새

중국 북동쪽에 위치한 랴오닝성의 완만한 농경지 한가운데 백악기 때 만들어진 것으로 보이는 매력적인 화석 지층이 있어요. 1억 3000만 년 전에서 1억 1000만 년 전에 걸친 백악기 전기에 잦은 화산 폭발로 인한 미세한 재와 진흙 입자가 이 지역의 동물과 식물들을 뒤덮었는데, 이때 비교적 부드러운 것들, 위 내용물이나 피부와 깃털 등이 놀라울 정도로 정교하게 보존된 거예요.

1990년대 깃털을 가진 새로운 화석들이 풍부하게 발견되면서, 새와 공룡 사이의 연관성에 대한 논쟁에 다시금 불이 붙었고, 이에 랴오닝성의 지층 지대가 주목을 받게 되었어요. 아주 단순한 털의 형태부터 오늘날의 새에서 발견되는 것과 똑같은 깃털까지 발견되었는데, 이는 오늘날의 깃털을 가진 동물이 하늘을 날기 전부터 이미 진화하고 있었음을 알려 주지요.

이 '공룡 시대의 새'는 따뜻한 기후였던 랴오닝성 주변에서 번성했어요. 그곳은 군데군데 호수가 있던 무성한 숲 지대였지요. 거대 곤충, 생쥐 같은 생명체와 작은 공룡까지 잡아먹던 개 크기의 포유동물들도 함께 살았고, 오늘날과 비슷한 개구리와 거북도 있었어요. 괴상하게 생긴 깃털 달린 공룡이 나무를 기어오를 때 원시 새들은 가지와 가지 사이를 날아다녔지요.

그림 설명

1. 시노르니토사우루스
학명: *Sinornithosaurus millenii*
시기: 백악기 전기
장소: 중국
몸길이: 90cm 몸무게: 1.5kg
이 작은 깃털 달린 드로마에오사우루스과 공룡은 벨로키랍토르와 매우 가까운 종으로, 처음으로 발견된 독이 있는 공룡이에요. 학자들은 송곳니 같은 이빨에 난 홈이 턱에 있는 독주머니와 연결되었을 것으로 추측해요. 작은 새와 공룡을 잡아먹었으며 나뭇가지에 매달려 있다가 먹이를 몰래 덮치는 방식으로 사냥했어요.

2. 콘푸시우소르니스
학명: *Confuciusornis sanctus*
시기: 백악기 전기
장소: 중국
몸길이 50cm 몸무게: 1kg
비둘기 크기만 한 콘푸시우소르니스는 진화의 측면에서 공룡과 새 사이의 연결고리예요. 가벼운 케라틴 성분의 부리를 위해 파충류 형태의 치아를 버린 가장 초기의 새로 알려져 있어요. 하지만 날개에 발톱 달린 발가락이 있어 오늘날의 새들과는 다른 방식으로 날아다녔을 것으로 추측해요. 구부러진 발톱이 달린 발은 나뭇가지에 앉는 데 적합했어요.

3. 메이
학명: *Mei long*
시기: 백악기 전기
장소: 중국
몸길이: 40cm 몸무게: 0.4kg
이 오리 크기의 트로오돈과 공룡은 수탉처럼 날개 사이로 부리를 밀어 넣은 채 잠자는 자세의 화석이 발견되어 유명해졌어요.

4. 시노사우롭테릭스
학명: *Sinosauropteryx prima*
시기: 백악기 전기
장소: 중국
몸길이: 1.7m 몸무게: 0.55kg
1996년에 새가 아닌 공룡 가운데 최초로 깃털과 함께 발견되었어요. 발견 당시 '원시 깃털'이라고 불리는 매우 단순한 붉은 빛을 띤 솜털로 이루어진 가죽으로 덮여 있었어요. 시노사우롭테릭스는 새와는 아주 먼 친척이기 때문에 원시 깃털의 발견은 다른 수각류 공룡도 비늘이 아닌 깃털로 덮여 있었음을 짐작하게 했어요.

제 3 전시실

독특한 이빨을 가진
조각류 공룡들

조각아목

원시조각류

쥐라기

이구아노돈

하드로사우루스과

에그마운틴

조각아목

조반목(새의 골반뼈를 가진 공룡)에 속하는 조각아목 공룡은 중생대에 가장 번성했던 초식 공룡이에요. 이들 무리는 '새의 발을 가진 도마뱀'이라는 뜻의 이름같이 새처럼 발가락이 세 개였어요. 다만 원시조각류 중에는 간혹 네 개의 발가락을 가진 종류도 있었지요. 이들은 각질로 된 부리가 있었고, 다른 조반목 공룡과는 다르게 골판이 없었어요. 이들은 쥐라기 중기에 처음 나타나 백악기가 끝날 때까지 살아남았으며 다양한 서식지에서 화석이 발견돼요. 헤테로돈토사우루스류, 힙실로포돈류, 이구아노돈류와 하드로사우루스류 공룡이 이 무리에 포함되지요.

헤테로돈토사우루스류와 힙실로포돈류는 대표적인 초기 조각아목 공룡이에요. 몸집이 작고 재빨랐으며, 두 발로 걸었어요. 이후에 나타난 조각아목 공룡은 커다란 몸집에 네 발로 걸었으며, 앞니가 사라지고 음식을 저장하기 위한 볼주머니가 발달하는 등 풀을 뜯어먹기 유리한 방향으로 진화했어요. 하지만 거대한 용각류 공룡만큼 커지진 않았어요.

이들이 번성할 수 있었던 특징 가운데 하나는 씹는 데 매우 효율적이었던 강력한 이빨과 턱이

었어요. 조각아목 무리의 어금니는 입 속에 들어온 먹이를 갈아서 삼킬 수 있는 형태로 배열되어 있어서 영양소를 빠르고 효과적으로 섭취할 수 있었지요. 이 덕분에 조각아목 공룡은 백악기가 끝날 때쯤 지구에서 개체 수가 가장 많은 무리 가운데 하나로 번성할 수 있었답니다.

그림 설명

1. 테논토사우루스
(데이노니쿠스 무리에게 공격받고 있다.)

학명: *Tenontosaurus tilletti*
시기: 백악기 전기
장소: 북아메리카
몸길이: 8m 몸무게: 1,500kg

이구아노돈과 가까운 친척인 테논토사우루스는 다른 조각아목 공룡처럼 네 발로 걸었지만 일부 학자들은 두 뒷발만으로 걷기도 했을 것이라고 추측해요. 몸길이의 절반이 넘는 꼬리는 뼈대로 이루어져 있어 단단했지요.

테논토사우루스의 뼈 화석에서 '골수골 조직'이 발견되었어요. 골수골 조직이란 알을 만드는 데 필요한 칼슘을 저장할 수 있는 뼈의 구조를 말해요. 그래서 오늘날 새와 같이 알을 낳는 동물의 암컷에서만 관찰할 수 있지요. 그런데 특이하게도 최근 연구를 통해 티라노사우루스와 알로사우루스 암컷 역시 골수골 조직을 가지고 있었음이 밝혀졌어요. 이들 수각류 공룡들은 분류상으로 테논토사우루스와는 아주 먼 관계이기 때문에, 이를 통해 종류에 상관 없이 대부분의 공룡 암컷이 골수골 조직을 가지고 있었다고 추측하고 있지요.

이 골수골 조직은 다 자라지 않은 공룡에게서도 발견되었는데, 이는 완전히 자라지 않은 공룡도 알을 낳을 수 있었다는 것을 보여 주는 증거예요. 테논토사우루스 화석은 수각류 공룡인 데이노니쿠스와 함께 발견되는 경우가 많아요. 심지어 테논토사우루스의 뼈 화석에서 데이노니쿠스의 이빨 자국이 보이기도 하지요. 이를 통해 학자들은 데이노니쿠스가 테논토사우루스의 천적이지 않았을까 조심스럽게 추측해요. 하지만 테논토사우루스를 공격한 것인지, 아니면 사체를 뜯어먹은 것인지는 확실하지 않답니다.

조각류 공룡들

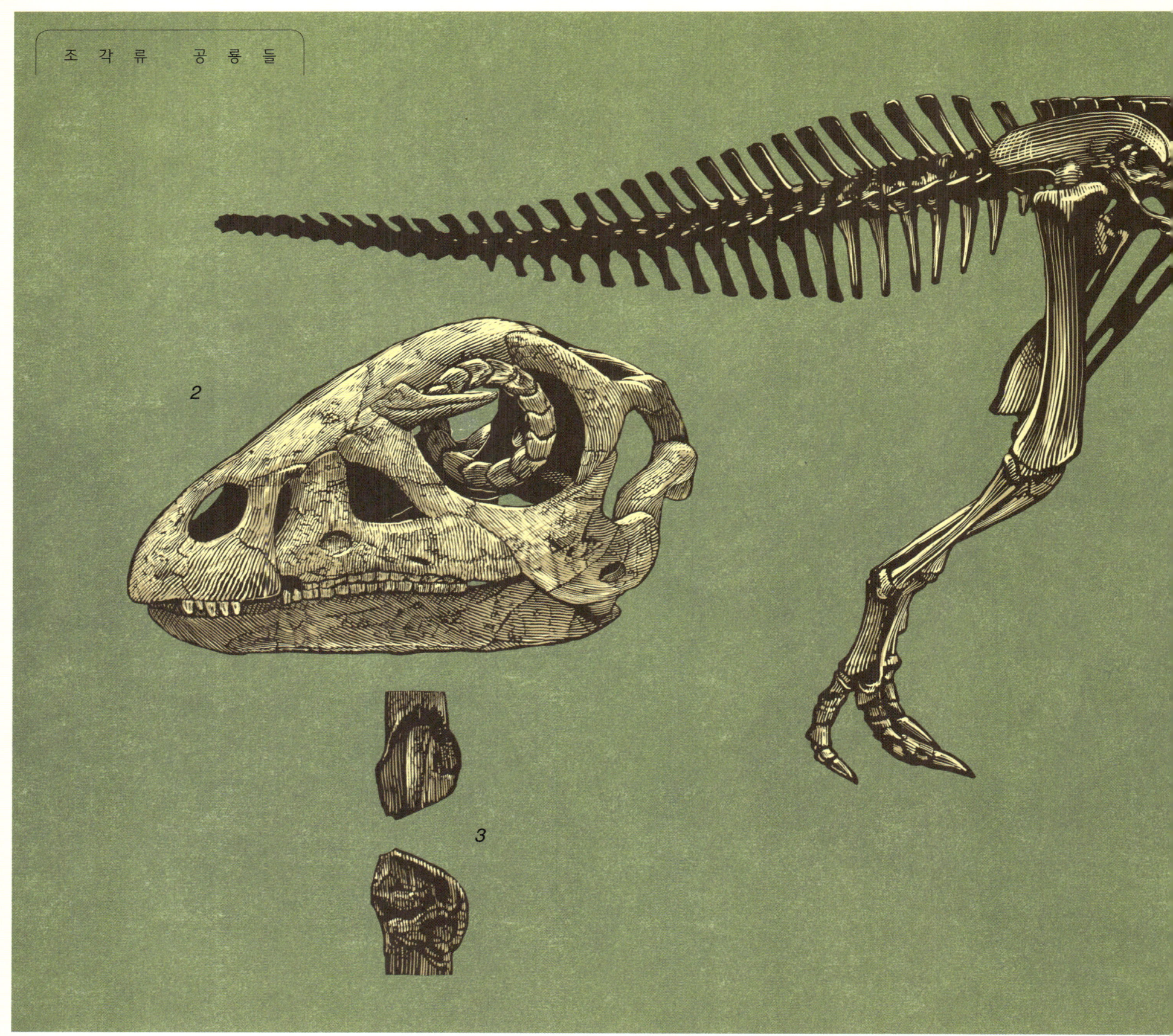

원시조각류

원시조각류 공룡은 두 발로 빠르게 걸었던 가벼운 초식 동물이에요. 작은 몸집과 날카로운 부리, 볼주머니를 가지고 있었고, 뼈 힘줄로 얽혀 있는 단단하고 긴 꼬리가 인상적이지요. 쥐라기 후기에 처음 나타나 백악기가 끝날 때까지 살아남았으며 힙실로포돈, 아틀라스콥코사우루스, 오릭토드로메우스와 오로드로메우스를 비롯한 많은 종이 알려져 있어요.

일부 원시조각류 공룡은 굴을 파고 살았을 것으로 추측해요. 특히 오릭토드로메우스는 땅 밑 50cm 깊이의 굴에서 맨 처음 발견되었지요. 다 자란 공룡과 어린 공룡이 함께 발견되었는데, 이는 굴을 파서 어린 공룡을 보살폈다는 것을 보여 주지요. 오릭토드로메우스와 오로드로메우스 둘 다 코가 넓었으며 앞다리는 굴을 파는 데 적합했어요.

그림 설명

1. 힙실로포돈

학명: *Hypsilophodon foxii*
시기: 백악기 전기
장소: 영국
몸길이: 1.8m **몸무게:** 20kg

1849년에 영국 와이트섬에서 처음 발견되었어요. 발가락이 서로 마주보게 나 있어서, 발견 당시에는 나무를 오르는 공룡으로 추측했어요. 하지만 오늘날에는 이 공룡이 땅에서 살면서 낮은 키의 식물을 먹었다고 알려져 있지요.
힙실로포돈의 부리는 식물의 열매에서 씨앗을 빼내는 데 적합했으며, 넓은 어금니가 있어 잘게 씹어 먹을 수 있었어요.

두개골과 턱의 모양은 음식을 삼키기 전에 씹을 수 있도록 도와주는 볼 구조가 있었음을 추측하게 해요. 대부분의 조각류 공룡이 세 개의 발가락이 있었던 것과 다르게 뒷발에 네 개의 발가락이 있었으며, 뼈대로 이루어진 툭 튀어나온 눈꺼풀이 있었어요.
지금까지 힙실로포돈 화석은 모두 영국의 와이트섬에서 발견되었어요. 많은 뼈가 한 장소에서 함께 발견되었으며, 모래 구덩이에 빠져 죽었을 것으로 추정해요. 함께 발견되었다는 것은 이 공룡이 무리 지어 생활했음을 보여 주지요.

2. 힙실로포돈 두개골

두개골에는 큰 눈구멍과 눈을 둘러싼 작은 뼈 조각으로 이루어진 '공막고리'가 있어요. 공막고리는 희미한 빛 속에서 초점을 맞추는 데 도움을 주었을 거예요.

3. 어금니

어금니는 이랑이 있고 평평했으며 끝이 날카로운 끌 모양이었어요. 나뭇잎을 훑는 데 적합했지요.

쥐라기의 지구

쥐라기

    트라이아스기가 끝나 갈 무렵, 지구에 또 한 번 대규모 멸종이 일어났어요. 당시 존재하던 동식물의 절반 이상이 사라졌으며, 이때를 시작으로 공룡이 육지를 지배하게 되었지요.

    이 시기에 판게아는 계속해서 분열을 이어 갔어요. 대륙 사이에 대양이 밀려들었으며, 해수면이 높아져서 따뜻하고 습한 기후로 변해 갔어요. 땅 위에서는 식물이 번성해 고사리, 은행나무, 침엽수와 소철 등이 넓은 지역을 뒤덮었어요. 또한 거대한 용각류 공룡이 스테고사우루스류, 갑옷으로 무장한 안킬로사우루스류, 그리고 상대적으로 작은 몸집의 조각류 공룡과 함께 육지를 돌아다니며 풀과 나무를 마음껏 뜯어 먹었고, 작은 포유동물들은 조심조심 나뭇잎 사이를 기어 다녔지요.

    알로사우루스 같은 쥐라기의 여러 수각류 공룡은 매우 덩치가 컸어요. 그래서 지구의 역사에서 가장 큰 동물로 손꼽히는 용각류 공룡도 사냥할 수 있었지요. 날렵한 코엘루로사우리아 공룡과 원시 코엘루로사우리아 공룡의 후손으로 짐작되는 최초의 새인 시조새도 있었어요. 이들은 가죽 날개가 있는 익룡과 함께 하늘을 나누어 가졌지요.

    쥐라기의 바다에서는 물고기를 닮은 이크티오사우루스, 긴 목을 가진 플레시오사우루스, 거대한 고대 악어, 상어, 그리고 가오리들이 함께 헤엄쳤어요. 오징어를 닮은 두족류, 암모나이트, 해면과 연체동물도 쥐라기의 바다에서 쉽게 볼 수 있었지요.

그림 설명

1. 티안유롱
학명: *Tianyulong confuciusi*
몸길이: 70cm 몸무게: 800g
이 고양이만 한 작은 크기의 공룡은 깃털 같은 조직이 등과 꼬리를 뒤덮고 있었어요. 이 공룡이 발견되기 전에는 깃털을 가진 공룡 대부분이 용반목에 속하는 코엘루로사우리아 공룡이었어요. 하지만 조반목인 티안유롱이 발견되면서 깃털과 같은 조직이 조반목 공룡에서 독립적으로 진화한 것이거나, 혹은 조반목 공룡과 용반목 공룡의 공통 조상에서부터 진화한 것임을 추측할 수 있게 되었어요. 더 많은 연구가 이루어져야 확실한 사실이 밝혀지겠지만, 어느 쪽이든 공룡은 우리가 생각했던 것보다 훨씬 다양한 모습을 하고 있었다는 것을 짐작할 수 있어요.

2. 몽골라라크네
학명: *Mongolarachne jurassica*
몸길이: 1.65cm 다리 길이: 5.82cm
지금까지 알려진 가장 큰 거미 화석이에요. 깃털 같은 털로 덮여 있었으며, 매우 끈적한 실로 공 모양의 거미줄을 만들었어요.

3. 딕소니아
학명: *Dicksonia*
나무고사리의 한 종류로 통통하게 곧추선 섬유질 몸통과 그 꼭대기에서 길게 갈라진 커다란 잎들이 나 있어요.

4. 윌리엄소니아
학명: *Williamsonia*
이 씨앗 식물은 튼튼한 줄기에 고사리와 비슷한 잎들이 많이 달렸으며, 10cm 길이의 꽃을 피웠어요. 트라이아스기에 처음 나타났지만 쥐라기에 번성했지요.

5. 은행나무
학명: *Ginkgo*
은행나무는 줄기가 넓게 퍼지는 겉씨식물로 하나씩 열리는 씨앗과 얇게 째진 잎이 달려 있어요. 유일하게 은행나무 한 종만이 오늘날의 중국에서 야생하고 있어요.

6. 주라마이아
학명: *Juramaia sinesis*
몸길이: 7~10cm 몸무게: 15g
주라마이아는 1억 6000만 년 전 중국에 살았던 작은 포유동물이에요. 인간처럼 태반에서 새끼가 자라는 태반류의 최초 조상으로 알려져 있어요. 앞다리는 기어오르는 데 적합했으며, 고사리 잎 사이를 날쌔게 돌아다니며 곤충을 사냥했을 것으로 추측해요.

조각류 공룡들

이구아노돈

　이구아노돈은 1842년 리처드 오언이 공룡, 즉 '무서울 정도로 큰 도마뱀'을 정의할 때 메갈로사우루스, 힐라에오사우루스와 함께 처음으로 언급한 공룡이에요. 최초의 발견은 1822년 영국 서식스에서 시작되었어요. 흩어져 있던 이빨들이 발견된 것인데 그로부터 3년 후, 화석광이자 시골 의사였던 기디언 맨텔은 이 이빨들이 이구아나의 이빨과 비슷하지만 크기는 훨씬 더 컸기 때문에 이구아노돈이라는 생명체의 것이라고 묘사했어요. 또한 이빨의 크기를 기초로 이구아노돈의 몸길이가 20m 정도라고 추측했고(현재 우리가 알고 있는 크기의 두 배가량이나 되지요.) 이구아나처럼 네 발로 느릿느릿 움직였을 것으로 상상했어요. 1850년대 초 런던 크리스탈 궁전에 세워진 조각에서 볼 수 있듯이, 초기 복원도에서는 이구아노돈의 뾰족한 엄지발가락 뼈가 코 끝에 달린 뿔로 묘사되기도 했어요.

　1878년에 벨기에 베르니사르 지방의 탄광에서 30개체 이상의 완벽한 뼈대가 발견되면서, 이구아노돈에 대한 인식이 바뀌었어요. 이 화석들은 갑작스런 홍수 때문에 만들어졌을 것이라고 추측

하지요. 대부분의 표본이 거의 완벽했으며 일부 뼈들은 연결된 채로 발견되어 뼈들이 어떻게 맞물렸는지를 보여 주었어요. 이후 이구아노돈은 지금까지 가장 많이 연구된 공룡 가운데 하나가 되었지요. 최근에는 이전에 생각했던 것보다 훨씬 다양한 종류의 이구아노돈이 있다는 사실도 발굴과 연구를 통해 밝혀졌답니다.

그림 설명

1. 이구아노돈

학명: *Iguanodon bernissartensis*
시기: 백악기 전기
장소: 영국, 벨기에, 독일
몸길이: 10m 무게: 3,200kg

이 크고 육중한 초식 공룡은 앞다리보다 긴 두 뒷다리로 걷기도 했지만, 대부분 네 발로 걸어 다녔을 것으로 추측해요. 다리는 달리기보다는 걷기에 적합했으며 낮은 자세로 움직였을 것으로 보이지요. 뼈 성분의 부리와 빽빽한 이빨은 억센 식물을 잘 씹어 삼켰을 거예요. 머리뼈의 모양을 통해 다른 조각류 공룡처럼 음식을 저장할 수 있는 볼주머니가 있었음을 알 수 있어요.

2. 이구아노돈의 앞발

이구아노돈은 앞발에 달린 세 개의 가운데 발가락과 움켜질 수 있어서 먹이를 채집할 때 유용했던 새끼발가락이 있었어요. 이구아노돈의 가장 유명한 특징 중 하나는 날카로운 엄지발가락이에요. 그 용도에 대해서는 아직도 논쟁 중인데, 일부 학자는 포식자나 경쟁자에 맞선 무기였다고 주장하고, 다른 학자는 큰 씨앗과 과일을 쪼개는 데 사용했다고 주장하지요.

조각류 공룡들

하드로사우루스과

　　하드로사우루스과는 평평하고 이빨이 없는 주둥이가 오리주둥이와 비슷하기 때문에 '오리주둥이 공룡'이라고 불려요. 수백만 년 동안 전 세계에서 가장 개체수가 많은 초식 동물이었지요. 이 무리는 이구아노돈으로부터 진화하여 백악기 후기에 아시아, 아메리카와 유럽으로 퍼져나갔어요. 넓은 들판을 떼 지어 다니며 키 작은 식물을 먹어 치우는 모습은 마치 중생대의 소떼를 보는 것 같았지요.

　　하드로사우루스과 공룡의 부리는 잎을 자르는 데 편리했으며 수백 개의 작은 어금니로 이루어진 '치판'이 있어 먹이를 씹어 으깰 수 있었어요. 또한 이 무리의 공룡은 오늘날의 어떤 동물에서도 관찰할 수 없는 독특한 먹이 동작이 있었어요. 윗턱과 나머지 머리뼈 사이를 연결하는 독특한 관절이 있어서, 씹을 때 이빨들이 서로 옆 방향으로 미끄러지는 것처럼 움직였던 거예요. 이를 통해 먹이를 매우 정교하게 씹고 자를 수 있었고, 두개골에 가해지는 압력을 줄일 수 있었어요.

　　하드로사우루스과 공룡은 속이 빈 볏을 가진 람베오사우루스아과와 딱딱한 볏이 있거나 볏이 없는 사우롤로푸스아과로 나뉜답니다.

그림 설명

1. 파라사우롤로푸스
학명: *Parasaurolophus walkeri*
시기: 백악기 후기
장소: 북아메리카
몸길이: 9m 몸무게: 2,500kg
파라사우롤로푸스는 속이 빈 구부러진 볏을 가지고 있었어요. 학자들은 컴퓨터 프로그램을 통해 이 공룡이 볏 안쪽의 구부러진 관에 공기를 불어 넣어 초원을 메아리치는 낮은 울림소리를 냈다는 것을 밝혀냈어요.

2. 친타오사우루스
학명: *Tsintaosaurus spinorhinus*
시기: 백악기 후기
장소: 중국
몸길이: 10m 몸무게: 3,000kg
이 코끼리 크기의 초식 동물은 앞쪽으로 뻗은 볏 때문에 '유니콘 공룡'이라는 별명이 있어요. 속이 빈 볏은 체온 조절이나 후각 강화에 목적이 있었을 것으로 추측하지만 단지 과시용이었을 수도 있어요.

3. 람베오사우루스
학명: *Lambeosaurus lambei*
시기: 백악기 후기
장소: 캐나다
몸길이: 9m 몸무게: 2,500kg
람베오사우루스는 코리토사우루스와 매우 비슷한 공룡이에요. 앞으로 향한 볏과 함께 앞쪽에 속이 빈 콧구멍이 있었고, 볏의 모양은 나이에 따라 변했다고 알려져 있어요.

4. 에드몬토사우루스
학명: *Edmontosaurus regalis*
시기: 백악기 후기
장소: 북아메리카
몸길이: 14m 몸무게: 4,000kg
에드몬토사우루스는 오랫동안 볏이 없었다고 알려졌지만, 2013년 어린 수탉과 비슷하게 머리에 늘어진 살 혹은 볏이 있었음이 밝혀졌어요. 이 볏의 길이는 20cm 정도이며, 과시용이었을 것으로 추측해요.

5. 사우롤로푸스
학명: *Saurolophus angustirostris*
시기: 백악기 후기
장소: 몽골
몸길이: 12m 몸무게: 3,500kg
아시아에서 가장 흔했던 하드로사우루스과 공룡이에요. 뾰족하고 긴 볏은 안쪽이 빈 코뼈로 이루어졌어요. 볏은 성장하면서 길어졌어요.

6. 코리토사우루스
학명: *Corythosaurus casuarius*
시기: 백악기 후기
장소: 캐나다
몸길이: 9m 몸무게: 2,500kg
파라사우롤로푸스와 마찬가지로 코리토사우루스의 볏도 과시와 더불어 내부의 빈 관을 통해 소리를 내는 데 이용되었을 것으로 추측해요.

조각류 공룡들

에그마운틴

7700만 년 전 무렵, 지금의 미국 로키산맥 고원 지역에 마이아사우라 무리가 둥지를 틀고 알을 낳았어요. 하지만 화산 폭발 때문에 많은 알이 부화하지 못한 채 화산재에 묻히고 말았지요. 오랜 시간이 흘러 이 지역은 하나의 거대한 화석으로 발견되어 공룡 연구에 큰 도움을 주었어요. 학자들은 이를 '에그마운틴(Egg Mountain)'이라고 불러요.

이 화석 구역은 1979년 고생물학자 잭 호너에 의해 발굴되었는데, 이를 통해 공룡이 새끼를 돌보았다는 사실이 처음 밝혀졌어요. 에그마운틴에는 알로 가득 찬 둥지와 함께 새끼부터 성장기를 거쳐 다 자란 공룡까지 수백 개의 마이아사우라 표본이 담겨 있어요. 둥지 근처에서 두 달 정도 된 새끼가 발견된 것은 마이아사우라가 다른 공룡보다 더 늦게까지 새끼를 돌보았음을 말해 주지요. 또한 주변에서 반쯤 소화된 식물성 물질도 발견되었는데, 이는 부모가 새끼를 위해 먹이를 게워 냈음을 의미해요. 스스로 먹이를 구할 수 없는 갓 부화한 새끼의 이빨이 부분적으로 닳아 있는 것도 이를 뒷받침하지요.

에그마운틴에서는 마이아사우라뿐 아니라 이 구역을 부화 장소로 이용했던 트로오돈의 표본도 발견되었어요. 또한, 아직 이름이 알려지지 않은 익룡으로 보이는 유해도 발견되었지요.

그림 설명

1. 마이아사우라
학명: *Maiasaura peeblesorum*
시기: 백악기 후기
장소: 미국
몸길이: 9m 몸무게: 3,000kg

마이아사우라는 '착한 어미 도마뱀'이라는 별명을 가지고 있어요. 둥지에서 알과 새끼를 돌보는 모습 그대로 화석으로 발견되었기 때문이지요. 하드로사우루스과 공룡인 마이아사우라는 식물, 나뭇잎, 산딸기와 같은 열매와 썩은 나무를 먹었어요. 또한 개체 수가 많아서 알을 낳기 위해 만 마리에 달하는 거대한 무리가 백악기 평원을 떼 지어 이동했을 것이라고 추측해요.

2. 둥지
지름: 1.8m

분화구 모양의 둥지는 흙으로 만들어졌으며 썩어 가는 식물도 발견돼요. 직접 알을 품기에는 마이아사우라의 몸집이 너무 무거웠기 때문에, 알을 부화시키기 위해 식물이 썩을 때 생기는 열을 이용했던 거예요. 각 둥지는 어른 마이아사우라의 몸길이보다 작은 7m 정도 떨어져 있었어요. 이 지역이 공룡 시대의 거대한 분만실이었을 거예요. 잭 호너는 화석화된 둥지가 암석 위에 겹겹이 쌓여져 있는 것도 발견했어요. 이는 마이아사우라 무리가 알을 낳기 위해 매번 같은 장소로 돌아왔음을 짐작하게 해요.

3. 알
길이: 15cm

알들은 대략 자몽만 한 크기이며, 둥지마다 30여 개의 알들이 원형 혹은 나선형 모양으로 놓여 있었어요.

4. 갓 부화한 새끼
몸길이: 40cm 몸무게: 1kg

태어날 때 매우 작았던 새끼는 1년 만에 1m가 넘을 정도로 빨리 자랐으며, 8년이 되면 어른 크기에 다다랐어요. 그래서 태어난 첫해에는 90%에 달하는 새끼가 목숨을 잃지만 다음 해에는 12.7%의 새끼만이 목숨을 잃었지요. 새끼들은 주로 두 발로 걸었으며 다 자라고 나서는 네 발로 걸었을 거예요.

제 4 전시실

갑옷으로 무장한 장순류 공룡들

장순아목

스테고사우루스하목

안킬로사우루스하목

백악기

장순류 공룡들

장순아목

장순아목은 조반목에 속하는 무리로 쥐라기 전기부터 백악기 후기까지 번성했어요. 이들의 화석은 다양한 지역, 다양한 환경에서 발견되지요. 장순아목을 뜻하는 영어 이름 티레오포라는 '방패지기'라는 뜻을 가지고 있어요. 하지만 포식자들로부터 스스로를 보호하기 위해 발달한 단단한 뼈 성분의 갑옷 때문에 일반적으로 '갑옷공룡'이라는 별명으로 알려져 있지요.

원시 장순아목 공룡은 이후의 공룡에 비해 몸집이 작았고 갑옷으로 불리는 뼈 침전물의 양도 적었어요. 쥐라기 전기 영국에서 살았던 스켈리도사우루스는 몸길이가 4m 정도였으며, 오늘날의 악어처럼 뼈 침전물들이 피부 밑을 듬성듬성 덮고 있었어요. '골편'이라고 불리는 이 침전물은 손톱이나 뿔을 이루는 성분인 '케라틴'으로 싸여 등에 줄지어 나 있었는데, 포식자의 이빨을 부러뜨릴 정도로 날카롭고 단단했어요.

장순아목 공룡은 줄지어 놓인 골판과 골침을 가진 스테고사우루스하목과 꼬리 끝에 커다란 곤봉 모양의 뼈가 달린 안킬로사우루스하목 두 무리로 나뉘어요.

모든 장순아목 공룡은 초식 동물이었어요. 발톱은 마치 발굽처럼 생겼으며, 위턱과 아래턱 끝에는 뿔처럼 단단한 부리가 있어서 키 작은 가지로부터 잎을 자르는 데 편리했어요. 하지만 하드로사우루스 같은 다른 조반목 공룡과는 달리 씹는 데 적합한 정교한 어금니 치판이 발달하지는 않았어요. 대신에 이들의 이빨은 썰고 자르는 데 적합했지요. 나뭇잎, 나뭇가지와 다른 억센 식물들은 커다란 내장에서 소화되었어요.

― 그림 설명 ―

1. 스쿠텔로사우루스
학명: *Scutellosaurus lawleri*
시기: 쥐라기 전기
장소: 미국
몸길이: 1.3m 몸무게: 10kg

가장 원시적인 장순아목 공룡이자 최초로 알려진 조반목 공룡 가운데 하나예요. 미국 애리조나의 약 1억 9600만 년 전 퇴적층에서 발견되었어요. 지금까지 두개골의 일부와 이빨, 몇 개의 부분 뼈대가 알려져 있어요. 거의 모든 장순아목 공룡이 네 발로 걸었던 것과는 달리 스쿠텔로사우루스는 주로 두 발로 걸어 다녔어요. 빠르고 날렵하게 움직였으며 균형을 잡는 데 유리한 긴 꼬리가 있었지요. 하지만 포식자로부터 도망치기 위해서 코엘로피시스처럼 빠르게 움직이기만 한 것은 아니에요. '작은 방패 도마뱀'이라는 이름처럼 등에 300개 이상의 뼈 딱지가 있어서 포식자로부터 자신을 보호했지요. 딱지의 모양은 작은 덩어리부터 스테고사우루스의 골판처럼 뾰족하게 솟은 것까지 다양했어요. 스쿠텔로사우루스의 이빨은 톱니 같은 나뭇잎 모양이었으며, 나무나 덤불의 키 작은 가지에서 나뭇잎을 자르는 데 유용했어요. 이빨 화석에 닳은 부분이 없었기 때문에 이들이 먹이를 씹지 않고 삼켰다는 것을 짐작할 수 있지요.

장순류 공룡들

스테고사우루스하목

　스테고사우루스하목 공룡은 등을 따라 줄지어 놓인 골판과 골침이 가장 인상적이에요. 또한 다른 장순류 공룡처럼 피부 밑에 작은 골편이 있었는데 주로 목과 엉덩이 부위에 많았어요.
　이 무리의 공룡 가운데 일부는 옆구리에도 골침이 나 있었기 때문에 많은 포식자들에게 위협으로 다가왔을 거예요. 또한 꼬리에 나 있는 골침은 능동적인 방어 무기로서 큰 역할을 했는데, 꼬리에 난 골침의 모양과 일치하는 상처가 수각류 공룡의 뼈에서 발견되기도 해요.
　이들 무리의 골판은 학자들 사이에서 뜨거운 논쟁거리예요. 골판이 혈관으로 덮여 있다는 것을 근거로 몸으로부터 열을 내보내는 체온 조절의 기능이었다는 것이 가장 주된 의견이었지만, 최근에는 동족을 식별하거나, 구애 및 과시용으로 사용했다는 주장이 힘을 얻고 있어요. 짝을 유혹하거나 경쟁자들에게 경고를 보낼 때 골판 주위의 혈관을 팽창시켜 골판을 붉게 물들였을 거예요.
　초기 스테고사우루스하목 공룡은 몸길이가 대략 3m 정도에 불과했지만, 후기로 가면서 9m 이상까지 커졌어요. 좁은 주둥이를 통해 이 동물이 까다롭게 먹이를 골랐음을 짐작할 수 있지요. 먹이를 먹을 때에는 뒷다리로 일어서기도 했을 거예요.

　스테고사우루스하목 공룡은 쥐라기 중기와 후기에 가장 번성했으며 종류도 다양했지만 백악기에 모습을 감추었어요. 지구 전 지역에서 살았지만 대부분의 화석이 북아메리카와 중국에서 발견되었지요.

―――――――― 그림 설명 ――――――――

1. 켄트로사우루스

학명: *Kentrosaurus aethiopicus*
시기: 쥐라기 후기
장소: 탄자니아
몸길이: 5m 몸무게: 1,000kg
스테고사우루스하목 무리 가운데 가장 발달한 골침을 가지고 있었어요. 특히 어깨 부위에 측면 공격으로부터 자신을 보호할 수 있는 기다란 골침이 나 있었지요. 넓은 각도로 빠르게 휘두를 수 있는 꼬리 역시 포식자들에게 큰 위협이 되었을 거예요.

2. 후아양고사우루스

학명: *Huayangosaurus taibaii*
시기: 쥐라기 중기
장소: 중국
몸길이: 4m 몸무게: 850kg
가장 작고 원시적인 스테고사우루스하목 공룡이에요. 후기 스테고사우루스하목 공룡에 비해 두개골이 넓었으며, 입의 앞쪽에 이빨이 있었어요. 앞다리는 상대적으로 길었지요.
안킬로사우루스하목 공룡의 특징을 일부 가진 것으로 보아 두 공룡이 분화하는 시기에 살았던 것으로 추측할 수 있어요.

3. 스테고사우루스

학명: *Stegosaurus armatus*
시기: 쥐라기 후기
장소: 미국, 포르투갈
몸길이: 9m 몸무게: 2,300kg
스테고사우루스하목 무리 가운데 가장 몸집이 큰 공룡으로 두개골이 좁고 둥근 등을 따라 다이아몬드 모양의 골판이 있었어요. 앞다리는 뒷다리에 비해 많이 짧았기 때문에 빠르게 움직이지는 못했을 것으로 추측해요. 고사리, 이끼와 소철 등을 포함한 키 작은 식물을 주로 먹었어요.

장순류 공룡들

안킬로사우루스하목

안킬로사우루스하목 공룡은 마치 튼튼한 탱크처럼 몸의 대부분이 딱딱한 골판으로 뒤덮여 있었어요. 이들은 다시 노도사우루스과와 안킬로사우루스과의 두 무리로 나누어져요. 둘 다 피부에 골판과 작은 골침이 박혀 있었지만, 노도사우루스과 공룡은 어깨뼈에 뼈 덩어리로 지탱하는 긴 골침이 있었어요. 창같이 생긴 골침은 주로 포식자로부터 자신을 방어하는 데 사용되었지만 짝짓기나 영역을 지키기 위한 동족과의 싸움에서도 사용되었을 것으로 추측해요.

노도사우루스과 공룡과 다르게 긴 골침이 없었던 안킬로사우루스과 공룡은 짧고 넓은 주둥이와 넓은 몸통을 가지고 있었는데, 주둥이의 생김새로 보아 먹이 선택에 까다롭지 않았음을 짐작할 수 있어요. 삼각형 모양의 머리는 갑옷으로 덮여 있었으며, 몇몇 종은 꼬리 끝에 매우 강력한 무기인 곤봉이 달려 있어서 포식자들에게 대항할 수 있었어요. 이 곤봉은 일부 골판이 부드러운 조직과 합쳐진 것인데, 어찌나 단단한지 한번 휘두르면 포식자의 뼈를 부술 정도였어요.

무거운 몸무게와 두꺼운 다리를 보면 안킬로사우루스하목 공룡은 모두 낮은 키의 식물을 찾아 땅 위를 느릿느릿 훑으며 다녔을 것으로 보여요. 음식을 씹을 수는 없었지만 서서히 소화시킬 수 있

는 커다란 내장이 있었어요. 이들은 쥐라기부터 백악기 후기까지 살았으며, 아프리카를 제외한 모든 대륙에서 화석이 발견된답니다.

그림 설명

1. 에우오플로케팔루스

학명: *Euoplocephalus tutus*
시기: 백악기 후기
장소: 캐나다
몸길이: 6m 몸무게: 2,500kg

에우오플로케팔루스는 다리와 꼬리 일부를 제외한 온몸이 뼈 성분의 갑옷으로 덮여 있었어요. 꼬리에 달린 곤봉은 뼈 힘줄로 지탱되었는데 높게 들어올리지는 못했을 것으로 보여요. 꼬리가 시작되는 부위의 강력한 근육 덕분에 곤봉을 좌우로 휘두를 수 있었으며, 공격해 오는 포식자들의 연약한 정강이뼈를 노렸을 거예요.

2. 안킬로사우루스

학명: *Ankylosaurus magniventris*
시기: 백악기 후기
장소: 미국, 캐나다
몸길이: 7m 몸무게: 3,000kg

안킬로사우루스는 무리 가운데 가장 큰 공룡으로 머리에 뿔이 있으며 부리와 작은 잎 모양의 이빨이 있었어요. 온몸은 물론 눈꺼풀까지도 골판으로 덮여 있었지요. 일부 골판은 서로 합쳐져서 더 강한 갑옷 기능을 발휘했어요. 이는 티라노사우루스를 포함한 무시무시한 포식자들로부터 몸을 보호하는 데 큰 역할을 했지요.

3. 사우로펠타

학명: *Sauropelta edwardsorum*
시기: 백악기 전기
장소: 미국
몸길이: 5m 몸무게: 1,500kg

사우로펠타는 목에 난 여러 개의 거대한 골침을 통해 포식자로부터 스스로를 보호했던 노도사우루스과 공룡이에요. 골침뿐만 아니라 작은 뼈 성분의 혹, 목과 등을 따라 평행하게 자리한 등딱지로 이루어진 갑옷으로 든든하게 무장했지요. 넓은 범람원에 살았으며 적어도 다섯 개체 이상의 화석이 함께 발견되는 것으로 보아 무리 지어 생활했을 것으로 추측해요.

| 백 악 기 의   지 구 |

백악기

    백악기는 중생대의 마지막 시기로, 세 시기 가운데 가장 길었어요. 쥐라기가 끝날 무렵 일어난 대규모의 멸종 이후 또 한 번 거대한 변화가 일어난 시대였지요. 꽃이 피는 식물이 처음 나타나 벌, 말벌, 개미, 딱정벌레와 나비 등 꽃가루를 옮겨 주는 곤충들의 도움을 받아 빠르게 성장했지요.

    백악기에는 다른 어떤 시대보다 많은 공룡이 세상에 등장했어요. 북반구에서는 거대한 뿔이 달린 케라톱스류 공룡과 갑옷으로 무장한 안킬로사우루스류 공룡이 함께 먹이를 찾아 이동했어요. 또한 이구아노돈류 공룡이 남극을 제외한 모든 대륙으로 퍼져 나갔으며, 거대한 티타노사우루스류 공룡이 남반구 대륙을 배회했지요. 수각류 공룡은 육지에서 여전히 최상위 포식자로 자리했어요.

    하늘을 지배하던 익룡은 새들과의 경쟁에 직면했으며, 오늘날 새의 조상이 처음으로 나타났어요. 바다에서는 이크티오사우루스, 플레시오사우루스와 거대한 모사사우루스가 상어, 오늘날의 가오리와 함께 헤엄쳤어요. 초기 개구리, 도롱뇽, 거북이, 악어, 작은 포유동물과 뱀도 해안을 따라 번성했지요.

    일부 학자들에 따르면, 백악기가 끝나갈 무렵 기온이 낮아지고 기후가 습해지면서 공룡들이 쇠퇴하기 시작했어요. 그러다가 6600만 년 전 모든 공룡을 포함한 대부분의 중생대 생물들의 종말이 목격되는 대멸종이 일어났지요. 지구의 역사를 통해 이처럼 다양한 생명체가 존재했던 시대는 아마 다시 오지 않을 거예요.

그림 설명

1. 민미
학명: *Minmi paravertebra*
몸길이: 3m 몸무게: 300kg
민미는 백악기 초기 호주에 살았던 작은 안킬로사우루스류 공룡이에요. 부리와 톱날 모양의 어금니를 가지고 있었지만 무리의 다른 공룡과 다르게 갑옷이 없었고 빠르게 달릴 수도 있었어요. 삼림 지대와 범람원이 섞인 지역에서 주로 살았어요. 내장 화석의 연구를 통해 이 공룡이 고사리나 다른 부드러운 식물과 함께 비교적 단단한 씨앗과 열매도 먹었음이 밝혀졌어요.

2. 무타부라사우루스
학명: *Muttaburrasaurus langdoni*
몸길이: 8m 몸무게: 2,800kg
무타부라사우루스는 조각류에 속하는 공룡으로 치판, 코 위에 나 있는 속이 빈 혹이 특징이에요. 이 혹은 후각을 강화하거나 적을 위협하기 위해 큰 소리를 낼 때 쓰였을 거예요. 고사리류, 소철류, 석송류, 침엽수 등을 먹었다고 추측해요.

3. 미툰가
학명: *Mythunga camara*
날개길이: 4.7m
듬성듬성한 이빨이 아래위로 서로 맞물려 난 거대 원시 익룡 가운데 하나예요. 내륙 바다의 해안가에 살았으며, 기류를 타고 높이 날아오른 다음 물속으로 빠르게 내려와 먹이를 사냥했을 거예요.

4. 침엽수림
침엽수는 쥐라기에 처음 나타났으며, 중기 백악기에 와서 다양하게 진화했어요. 백악기 호주 대륙의 해안가를 침엽수림이 가득 차지하고 있었지요. 또한 은행나무류, 소철류, 석송류, 속새류 등도 함께 자랐어요.

5. 꽃식물
백악기 전기에 처음으로 꽃을 피우는 속씨식물이 나타났어요. 초기 속씨식물로는 클라바티폴레니테스속과 목련이 가장 대표적이에요.

6. 나난티우스
학명: *Nanantius eos*
날개길이: 35cm 몸무게: 80g
나난티우스는 백악기 전기에 나타난 새로 찌르레기 정도의 크기였어요. 발톱이 달린 날개가 있었으며, 머리와 목은 깃털 달린 수각류 공룡을 닮았지요. 물고기를 비롯한 작은 바다 생물을 먹었을 것으로 추측해요. 오늘날 새의 조상이라고 여겨지는 무리와 분리된 에난티오르니테스 무리에 속해요. 이들은 백악기 후기에 모두 사라졌어요.

제 5 전시실

화려한 머리 장식이 있는
주식두류 공룡들

주식두아목

파키케팔로사우루스하목

케라톱스하목

치열한 싸움

주식두류 공룡들

주식두아목

주식두아목은 '주변에 장식이 있는 머리'라는 뜻이에요. 이 무리에 속하는 공룡은 두개골 뒤쪽에 보통 '프릴'이라고 부르는 뼈로 이루어진 판이 달려 있기 때문에 이런 이름이 붙은 거예요. 주식두아목은 두꺼운 두개골이 특징인 파키케팔로사우루스하목과 머리에 난 뿔과 주둥이 모양의 뼈 또는 부리가 특징인 케라톱스하목으로 나누어져요.

파키케팔로사우루스하목 공룡은 매우 두꺼운 두개골 때문에 마치 머리 위쪽에 둥그런 바위가 얹혀져 있는 것처럼 보여요. 두개골 뒤쪽의 프릴은 작았으며, 몇몇은 작은 뼈 성분의 혹이나 가시로 덮여 있었어요. 케라톱스하목 공룡은 프릴이 더 커졌으며, 같은 무리 공룡끼리 의사소통을 하거나 짝을 유혹하기 위한 과시용으로 이용되었을 것으로 추측해요. 케라톱스하목 공룡은 종종 코 끝이나 뺨 부위에 돌출된 긴 뿔이 있었으며 몇몇 종의 경우 프릴 꼭대기에 긴 뿔이 있는 경우도 있었어요.

파키케팔로사우루스하목 공룡과 초기 케라톱스하목 공룡은 두 발로 걸었지만, 이후의 케라톱스하목 공룡은 모두 네 발로 걸었어요. 주식두아목 공룡의 이빨은 모두 단단한 케라틴 성분의 덮개로 덮인 말뚝 모양이었어요. 이빨은 줄지어 쌓여 있어서 쉽게 대체될 수 있었으며, 끝이 톱니 모양이어서 먹이를 쉽게 썰 수 있었지요. 억센 식물은 거대한 내장에서 소화시켰을 거예요.

주식두아목 무리는 쥐라기 후기에 처음 나타났지만, 오늘날 알려진 이 무리의 공룡 대부분은 백악기에 나타났어요. 다양한 환경에서 살았지만, 거의 모든 화석이 아시아와 북아메리카 서부에서만 발견되었어요.

그림 설명

1. 디아블로케라톱스

학명: *Diabloceratops eatoni*
시기: 백악기 후기
장소: 미국
몸길이: 5.5m 몸무게: 2,000kg

최근에 원시 케라톱스류 공룡이 폭발적으로 발견되고 있는데, 이 가운데 하나가 디아블로케라톱스예요. 1998년에 처음 발견되어 2000년에 발굴되었는데, 가장 유명한 케라톱스류 공룡인 트리케라톱스와 스티라코사우루스의 조상으로 여겨져요. 원시 케라톱스류 공룡의 특징으로 구멍이 난 두개골을 들 수 있는데, 후대의 케라톱스류 공룡은 두개골에 구멍이 없었어요.

디아블로케라톱스는 무리 가운데 중간 크기였으며 둥근 코, 뿔이 잔뜩 달린 두개골 등 독특한 외모를 하고 있었어요. 두 눈 위에는 긴 뿔이, 코 위에는 작은 뿔이 있었으며, 프릴 위에도 50cm 높이의 뿔 두 개가 더 있었는데, 위쪽으로 뻗다가 끝에서 바깥쪽으로 휘어졌어요. 이 프릴 위에 난 뿔 때문에 '악마'를 뜻하는 이름이 붙은 거예요.

디아블로케라톱스가 살았을 당시 북아메리카는 중서부 지역의 대부분을 덮고 있던 얕은 바다에 의해 두 개의 땅덩어리, 즉 라라미디아와 애팔래치아로 나누어 있었어요. 디아블로케라톱스는 라라미디아의 호수, 범람원과 강들로 뒤덮인 지역에서 살았으며, 부리 모양의 입으로 키 작은 식물들을 먹었을 것으로 추측해요.

주식두류 공룡들

파키케팔로사우루스하목

파키케팔로사우루스하목 공룡은 대부분 백악기 후기 북아메리카와 아시아에서 살았어요. 두개골이 무척 두꺼워서 마치 헬멧을 쓴 것처럼 보였고, 두개골 뒤에는 작은 뼈 성분의 혹과 가시가 군데군데 나 있었지요. 발견된 화석 가운데 일부는 평평한 두개골을 가지고 있어서 한때 별개의 종으로 생각했지만, 연구를 통해 성장기의 공룡이었음이 밝혀졌어요. 이 무리의 공룡은 자라면서 두개골의 두께가 극적으로 변한다는 증거를 찾았기 때문이에요. 사람 두개골의 두께가 보통 6.5mm 정도인데 반해 파키케팔로사우루스하목의 일부 공룡은 두개골의 두께가 무려 23cm나 되었다고 해요.

파키케팔로사우루스하목 공룡은 헬멧처럼 보이는 머리를 짝을 찾을 때 과시용으로 쓰거나 자기 구역을 차지하기 위해 싸울 때 사용했을 거예요. 간혹 발견되는 상처 난 두개골 화석이 이를 뒷받침하지요. 하지만 싸울 때 오늘날의 산양이나 큰뿔양처럼 서로 박치기를 했는지, 아니면 수컷 기린처럼 약한 옆구리를 공격했는지는 아직까지 정확히 알 수 없어요.

파키케팔로사우루스하목 공룡은 초식 동물이었으며, 먹이를 자르는 데 적합한 부리와 씹는 데 도움이 되는 작은 이빨이 있었어요. 보통 두 다리로 걸었으며 짧은 앞다리는 매우 연약했어요.

— 그림 설명 —

1. 스테고케라스
학명: *Stegoceras validum*
시기: 백악기 후기
장소: 북아메리카
몸길이: 2m 몸무게: 40kg
S자 모양의 목과 뻣뻣한 꼬리가 있는 염소만 한 크기의 스테고케라스는 최초로 알려진 파키케팔로사우루스하목 공룡 가운데 하나예요. 두개골이 두꺼워 마치 헬멧을 쓴 것처럼 보였고, 혹과 가시도 박혀 있었어요. 사물을 입체적으로 볼 수 있는 뛰어난 시각과 예민한 후각이 있었을 것으로 추측해요. 톱니 모양의 작은 이빨이 있어 잎, 씨앗, 과일과 곤충 등 다양한 먹이를 먹는 데 적합했어요.

2. 드라코렉스
학명: *Dracorex hogwartsia*
시기: 백악기 후기
장소: 미국
몸길이: 2.4m 몸무게: 45kg
2006년 공식적으로 처음 알려진 이 공룡의 이름은 '호그와트의 용왕'이라는 뜻이에요. 당시 유행하던 소설 〈해리포터 시리즈〉에서 영감을 얻어 지어졌지요. 하지만 이 공룡이 새로운 종이 아니라 몸집이 큰 파키케팔로사우루스의 성장기 표본이라는 주장도 있어 아직까지 논쟁 중이에요.

3. 스티기몰로크
학명: *Stygimoloch spinifer*
시기: 백악기 후기
장소: 미국
몸길이: 3m 몸무게: 77kg
두개골 뒤쪽의 가시가 특징인 스티기몰로크는 2~3개의 작은 뿔로 둘러싸인 큰 뿔을 가지고 있었어요. 두개골의 모양은 드라코렉스와 매우 비슷하지만 뿔이 짧고 혹은 더 두꺼웠지요. 드라코렉스가 파키케팔로사우루스의 성장기 표본이라고 믿는 일부 과학자들은 스티기몰로크가 좀 더 자란 파키케팔로사우루스라고 주장하기도 해요.

4. 파키케팔로사우루스
학명: *Pachycephalosaurus wyomingensis*
시기: 백악기 후기
장소: 미국
몸길이: 4.5m 몸무게: 450kg
파키케팔로사우루스는 무리의 공룡 가운데 가장 컸으며, 매우 두꺼운 두개골을 뼈 성분의 가시가 둘러싸고 있었어요. 두개골 외에 다른 흔적은 아직까지 발견되지 않았어요. 뒷다리로 걸었으며 짧은 앞다리와 두꺼운 몸통, 무거운 꼬리가 있었을 것으로 추측해요. 또한 나뭇잎이나 씨앗, 과일을 주로 먹었을 거예요.

주식두류 공룡들

케라톱스하목

케라톱스하목 공룡은 1억 5800만 년 전 무렵 쥐라기 후기 아시아에서 처음 나타났어요. 프시타코사우루스 같은 초기 케라톱스하목 공룡은 두 발로 걸었으며 후기 종들에서 나타나는 뼈 성분의 프릴이 없었어요. 백악기 후기에 들어서면서 케라톱스하목은 다양한 종류의 프릴과 뿔을 가지고 네 발로 걸었던 공룡으로 분화했으며, 공룡이 멸종할 때까지 남아 있던 공룡 가운데 하나였지요.

케라톱스하목 공룡은 입 끝에 딱딱한 부리가 있었고, 줄지어 난 어금니는 억센 식물을 먹는 데 적합했어요. 후기 케라톱스하목 공룡이 가진 크고 무거운 프릴은 동시대 티라노사우루스를 포함한 수각류 공룡의 공격에 대항하는 갑옷으로 사용되었을 거예요. 반면 방어 무기로 사용하기엔 부족한 작은 케라톱스하목 공룡의 프릴은 오늘날의 수사슴 뿔처럼 신호를 보내거나 짝을 찾을 때 과시용으로 쓰였을 것으로 보여요.

미국 서부의 '뼈 무덤'이라고 알려진 장소에서 수백 개체의 뼈가 함께 발견되는 것으로 보아 많은 케라톱스하목 공룡들이 무리 지어 이동했음을 추측할 수 있어요. 무리를 이루어 이동하면 포식자들의 공격으로부터 방어하기가 더 유리했기 때문이지요. 아마 케라톱스하목 공룡은 포식자들을 대비해 한데 모여 몰려다니거나 오늘날의 코끼리처럼 늙은 공룡과 새끼 공룡을 무리의 가운데에 두고 크게 원을 이루어 보호했을 거예요.

그림 설명

1. 프시타코사우루스
학명: *Psittacosaurus mongoliensis*
시기: 백악기 전기
장소: 중국, 몽골, 러시아
몸길이: 1.5m 몸무게: 15kg
프시타코사우루스는 턱 뒤로 솟은 뭉툭한 가시 한 쌍이 있었고, 깃털의 초기 형태와 비슷한 머리카락 같은 털이 나 있었어요. 둥그런 두개골과 부리가 오늘날의 앵무새와 비슷해 '앵무새 도마뱀'이라는 뜻의 이름이 붙었지요. 프시타코사우루스는 아시아에서 주로 발견되었으며, 가장 많이 알려진 공룡 가운데 하나예요. 수백 개의 표본이 발견되었는데, 많은 수가 완벽한 뼈대로 발굴되었고 덕분에 가장 사실에 가까운 연구가 이루어질 수 있었지요.

2. 스티라코사우루스
학명: *Styracosaurus albertensis*
시기: 백악기 후기
장소: 미국
몸길이: 5.5m 몸무게: 3,000kg
스티라코사우루스는 최고 60cm에 달하는 거대한 프릴이 있었고 그 위에 또다시 다섯 개의 가시가 나 있어 매우 사납게 보여요. 하지만 이는 순전히 장식용이었으며 짝을 유혹하는 용도로 쓰였다고 해요.

3. 펜타케라톱스
학명: *Pentaceratops sternbergii*
시기: 백악기 후기
장소: 미국
몸길이: 6.5m 몸무게: 5,000kg
펜타케라톱스는 코 위, 눈썹 위, 볼에 뿔이 나 있어 '다섯 개의 뿔이 달린 얼굴'이라는 이름이 붙었어요. 두개골의 길이가 3m에 달했는데, 지금까지 존재했던 모든 육상 동물의 두개골 가운데 가장 길었지요.

4. 트리케라톱스
학명: *Triceratops horridus*
시기: 백악기 후기
장소: 미국
몸길이: 9m 몸무게: 11,000kg
트리케라톱스는 거대한 프릴과 더불어 얼굴에 세 개의 커다란 뿔이 솟아 있는 공룡이에요. 당시 최강의 포식자였던 티라노사우루스로부터 자신을 보호하기 위해 지금의 커다란 트럭과 맞먹는 몸무게를 가진 강인한 몸을 발달시켰을 것으로 추측해요. 티라노사우루스의 이빨 자국이 남은 트리케라톱스 뼈 화석이 이를 뒷받침하지요. 펜타케라톱스와 마찬가지로 가장 커다란 두개골을 가진 육상 동물 가운데 하나였으며, 다른 케라톱스하목 공룡과 다르게 단독 생활을 했던 것으로 추측해요.

주식두류 공룡들

치열한 싸움

  1971년, 고생물학계에 큰 영향을 미친 사건이 일어났어요. 폴란드의 몽골 원정대가 몽골 고비 사막의 사암 계곡에서 싸우다 죽은 두 공룡의 뼈대를 발견한 거예요. 심지어 서로 뒤엉킨 채로 말이에요. 주변의 상황으로 미루어 보면, 7400만 년 전 어느 날 모래 언덕이 무너지면서 싸우던 두 공룡을 덮쳐 함께 파묻혔음을 짐작할 수 있어요. 아마 세찬 비나 폭풍이 모래 언덕을 무너뜨렸을 거예요. 두 공룡 가운데 하나는 맹렬한 포식자였던 벨로키랍토르였고, 다른 하나는 오늘날의 양 정도 되는 크기의 작은 케라톱스류 공룡인 프로토케라톱스였지요.

  치열했던 싸움을 자세히 들여다볼까요? 벨로키랍토르는 뒷다리로 프로토케라톱스의 가슴과 배를 걷어차면서 왼쪽 앞발에 달린 날카로운 발톱으로 프로토케라톱스의 급소인 목 부위를 누르고 있어요. 반면에 프로토케라톱스는 벨로키랍토르의 오른쪽 앞다리를 뼈가 부러질 정도로 세게 물고 있지요.

  이 공룡들은 모래가 덮기 전에 이미 서로를 죽인 것일 수도 있고 아니면 싸움 도중에 모래에 파묻혀 죽은 것일 수도 있어요. 하지만 어떤 경우이든 이 놀라운 발견은 공룡 세계의 치열함과 잔혹함을 그대로 보여 주는 그 시대의 한 장면임이 분명하답니다.

그림 설명
---

1. 벨로키랍토르
학명: *Velociraptor mongoliensis*
시기: 백악기 후기
장소: 몽골
몸길이: 2.5m **몸무게:** 15kg

청소 동물이자 사냥꾼이었던 벨로키랍토르는 주로 작은 동물들을 잡아먹었지만 때에 따라 다양한 먹이를 공략했어요. 2008년에 턱뼈를 따라 벨로키랍토르의 이빨 자국이 나 있는 프로토케라톱스의 화석이 여러 개의 벨로키랍토르의 이빨과 함께 발견되었어요. 프로토케라톱스의 턱뼈에는 살이 별로 없기 때문에, 벨로키랍토르가 뼈를 갉아 먹었음을 짐작할 수 있어요. 또한 2012년에는 내장에 익룡 뼈가 담긴 벨로키랍토르 화석이 발견되기도 했어요. 날개의 길이가 2m에 달하는 커다란 익룡이었기 때문에, 아마 벨로키랍토르는 익룡의 사체를 뜯어 먹었을 것으로 보여요. 벨로키랍토르의 눈 주위 뼈를 연구한 학자들은 이 공룡이 어둠 속에서도 잘 볼 수 있어서 주로 밤에 사냥을 했을 것이라고 주장하기도 해요.

2. 프로토케라톱스
학명: *Protoceratops andrewsi*
시기: 백악기 후기
장소: 몽골
몸길이: 1.8m **몸무게:** 180kg

몸집이 컸던 트리케라톱스와 친척인 프로토케라톱스는 목 뒤에 프릴이 있었으며 뺨 위로 솟아나온 큰 뼈 두 개가 있었지만 뿔은 없었어요. 프릴은 짝을 찾기 위한 과시용으로 쓰였고 동족을 인식하거나 우두머리 경쟁에서도 사용했을 거예요.
수백 개의 프로토케라톱스 화석이 함께 발견되는 것으로 보아 무리 지어 살았을 것으로 추측해요. 알부터 갓 태어난 새끼를 거쳐 성장기 공룡과 다 자란 암수 공룡까지 모두 볼 수 있는 이 화석 지대의 발견은 공룡의 성장 단계에 대한 상세하고 정확한 연구를 가능하게 했지요. 벨로키랍토르와의 치열한 싸움에서 알 수 있듯이 강한 턱이 있어서 무는 힘이 뛰어났어요.

제 6 전 시 실

중생대의
다른 동물들

익룡

해양파충류

중생대의 포유동물

멸종

살아남은 생명체

중생대의 다른 동물들

익룡

익룡은 공룡으로 분류되진 않지만 공룡과 아주 가까운 친척인 날개 달린 파충류예요. 곤충을 제외하고 날개를 펄럭이며 하늘을 날 수 있는 유일한 동물이었지요. 익룡은 트라이아스기 후기부터 백악기가 끝날 때까지 살아남았으며, 모든 대륙에서 화석이 발견될 만큼 매우 번성했어요. 비둘기만 한 크기부터 작은 비행기 크기까지 매우 다양한 종이 있었지요.

익룡의 날개는 발목뼈에서부터 시작해 극단적으로 길어진 네 번째 발가락까지 뻗어 있는 피부막과 근육 조직으로 이루어져 있어요. 대부분의 익룡이 빠르고 민첩하게 날 수 있었지요. 땅 위에서는 네 발을 몸 안쪽으로 웅크린 자세로 걸었는데, 익룡 가운데 일부는 땅 위에서도 걷고 달리며 사냥을 할 수 있는 능숙한 포식자이기도 했어요.

초기의 익룡이 상대적으로 작은 몸집과 긴 꼬리를 가졌던 반면에 후기 익룡은 비행을 돕는 정교한 머리 볏, 먹이를 위해 특별히 발달한 이빨 혹은 이빨 없는 부리와 거대한 몸집 등 다양한 방향으로 진화했어요.

익룡의 화석은 공룡의 화석에 비해 매우 적게 발견되었어요. 뼈가 가볍고 속이 비어 있어서 화석으로 남기에 불리했으며, 대부분의 익룡이 화석이 잘 형성되지 않는 환경에 살았기 때문이에요. 하지만 최근 20년 동안 중국과 브라질에서 익룡 화석이 폭발적으로 발견되고 있지요.

그림 설명

1. 케찰코아틀루스
학명: *Quetzalcoatlus northropi*
시기: 백악기 후기
장소: 미국
날개폭: 12m
케찰코아틀루스는 지금까지 하늘을 날았던 가장 큰 동물 가운데 하나예요. 이빨이 없는 거대한 부리가 있었으며 날개폭이 버스만큼 길었어요. 두꺼운 날개뼈에서 나오는 강력한 힘으로 하늘을 날았으며, 웅크린 자세에서 네 발을 박차 이륙했을 것으로 추측해요.

2. 카이우아자라
학명: *Caiuajara dobruskii*
시기: 백악기 후기
장소: 브라질
날개폭: 2.4m
익룡 가운데 가장 최근에 발견된 종으로 처음으로 성장기부터 어린 개체까지 총 47개의 개체로 이루어진 뼈 층이 발견되었어요. 무리 지어 생활했으며 어릴 때부터 날 수 있었던 것으로 보여요. 어릴 때 작고 기울어진 볏은 자라면서 꼿꼿하게 선 형태로 변했다고 해요.

3. 에우디모르포돈
학명: *Eudimorphodon ranzii*
시기: 트라이아스기 후기
장소: 이탈리아
날개폭: 1m 몸무게: 10kg
에우디모르포돈은 좁은 날개폭, 짧은 목, 날카로운 이빨과 긴 꼬리를 가진 전형적인 초기 익룡이에요. 위 화석에서 물고기 비늘이 발견된 것으로 미루어 물고기를 사냥했던 것으로 보이고, 100개 이상의 바늘 같은 이빨이 있었어요.

4. 소르데스
학명: *Sordes pilosus*
시기: 쥐라기 후기
장소: 카자흐스탄
날개폭: 0.6m 몸무게: 5kg
머리카락 같은 섬유로 덮인 상태로 발견된 최초의 익룡 화석으로 표본 가운데 하나는 두꺼운 모피 같은 털로 덮여 있었어요. 이는 체온을 유지하기 위한 것으로 보이며, 익룡이 온혈 동물이었음을 알 수 있어요.

5. 디모르포돈
학명: *Dimorphodon macronyx*
시기: 쥐라기 전기
장소: 영국
날개폭: 1.2m 몸무게: 2kg
디모르포돈은 큰 발톱이 달린 앞다리로 가파른 절벽을 기어올라 높은 곳에서 하늘을 날았을 거예요. 송곳니와 어금니 둘 다 가진 것으로 보아 물고기보다는 곤충과 작은 동물을 먹었을 것으로 추측해요.

중생대의 다른 동물들

해양파충류

중생대의 바다는 노토사우루스, 이크티오사우루스, 플레시오사우루스와 모사사우루스를 포함한 매우 다양한 해양파충류로 가득했어요. 이들은 몹시 커다란 몸집을 자랑했는데 사실 공룡과는 아주 먼 친척일 뿐이었지요.

돌고래 모양을 한 이크티오사우루스는 2억 4500만 년 전에 처음 나타났어요. 흔히 '어룡'이라고 불리는 이들은 트라이아스기 후기와 쥐라기 동안 바다를 지배했지요. 하지만 백악기 후기에 모사사우루스와 플레시오사우루스보다 먼저 멸종했어요. 이크티오사우루스는 유선형의 몸매, 강력한 꼬리와 지느러미로 중생대 바닷속을 자유롭게 헤엄쳤어요. 물속에서 새끼를 낳았기 때문에 물을 떠날 필요는 없었지만 아가미가 없었기 때문에 숨을 쉬기 위해서 간혹 물 위로 나와야 했어요. 대부분은 3m 정도의 크기였으며, 일부는 오늘날의 범고래 크기까지 자랐어요. 초기 이크티오사우루스는 길고 유연한 몸매였지만 후기의 종은 좀 더 다부진 물고기 모양으로 진화했지요.

중생대 바다를 지배했던 또 다른 해양파충류인 플레시오사우루스는 '수장룡' 혹은 '장경룡'이라고 불려요. 목이 길기 때문에 붙여진 이름이지요. 이들은 트라이아스기가 끝날 무렵 노토사우루스로부터 진화했어요. 노토사우루스는 발에 물갈퀴가 있었던 반면 플레시오사우루스는 두 쌍의 지느러미가 있었어요. 대부분의 플레시오사우루스가 극단적으로 긴 목과 작은 머리, 그리고 물고기를 잡기 위한 날카롭고 뾰족한 이빨이 있는 형태로 진화했지요. 이와 유사한 무리인 플리오사우루스는 거대한 머리와 육중한 이빨을 가진 동시대 최상위 해양 포식자였어요. 커다란 물고기, 이크티오사우루스, 플레시오사우루스뿐만 아니라 심지어 해안으로 밀려 온 공룡의 사체까지 먹었지요.

그림 설명

1. 노토사우루스
학명: *Nothosaurus marchicus*
시기: 트라이아스기 중기
장소: 네덜란드
몸길이: 1.5~2m 몸무게: 80kg
노토사우루스는 육지에 공룡이 처음 나타났을 때부터 바다에서 진화했어요. 오늘날의 물개와 비슷한 모습이었을 것으로 추측되지요. 갯바위와 해변에서 짝짓기를 하고 새끼를 길렀으며, 물고기와 새우를 잡으러 물로 뛰어들었을 거예요.

2. 이크티오사우루스
학명: *Ichthyosaurus communis*
시기: 쥐라기 전기
장소: 영국
몸길이: 2m 몸무게: 90kg
이크티오사우루스는 유선형의 몸을 가진 바다의 사냥꾼이에요. 바늘처럼 날카로운 이빨 덕분에 빠르고 미끄러운 먹이를 잡을 수 있었어요. 깊은 바다에서 시력을 보강하는 공막고리로 둘러싸인 커다란 눈이 특징이에요.

3. 엘라스모사우루스
학명: *Elasmosaurus platyurus*
시기: 백악기 후기
장소: 미국
몸길이: 14m 몸무게: 2,000kg
엘라스모사우루스는 지구의 역사를 통틀어 가장 목이 길었던 동물 가운데 하나예요. 71개의 목뼈로 이루어진 목은 매우 단단했지만 구부릴 수도 있어서 먹이를 찾아 비교적 자유롭게 움직일 수 있었어요.

4. 크로노사우루스
학명: *Kronosaurus queenslanaicus*
시기: 백악기 전기
장소: 호주
몸길이: 10m 몸무게: 11,000kg
플리오사우루스류에 속하는 크로노사우루스는 티라노사우루스보다 두 배나 큰 두개골을 가졌어요. 노처럼 생긴 커다란 지느러미로 물속을 헤엄쳤으며, 위 내용물 화석을 통해 거북이나 플레시오사우루스를 먹이로 했음을 짐작할 수 있어요.

5. 틸로사우루스
학명: *Tylosaurus proriger*
시기: 백악기 후기
장소: 미국
몸길이: 14m
모사사우루스류에 속하는 틸로사우루스는 공룡 시대의 마지막 바다를 지배했어요. 턱을 따라 두 줄의 날카로운 이빨들이 나 있었으며, 악어처럼 몸을 느리게 흔들어 헤엄쳤지만 순간적으로 빠르게 헤엄칠 수도 있었어요.

중생대의 다른 동물들

중생대의 포유동물

오늘날 포유동물의 조상은 '키노돈트'라고 불리는 포유류형 파충류로 알려져 있어요. 이들은 2억 6000만 년 전에 처음 나타나 트라이아스기 동안 살아남았어요. 키노돈트는 '개 이빨'을 뜻하는데, 이는 포유동물처럼 분화된 이빨이 있었기 때문이에요. 네 발로 걸었으며 몸은 털로 덮여 있어 체온을 조절할 수 있었어요. 또한 몸 크기에 비해 큰 뇌를 가지고 있었어요.

키노돈트로부터 진화한 최초의 포유동물은 몸집이 작은 쥐처럼 생겼으며 트라이아스기에 처음 나타났어요. 많은 종이 파충류처럼 알을 낳았고, 주로 밤에 활동하면서 곤충을 잡아먹었어요. 이들은 시간이 지나면서 여러 가지 먹이를 먹으며 땅 위와 나무 위, 물에서 사는 형태로 다양하게 진화했어요. 쥐라기 중기에 나타난 원시 포유동물 카스토로카우다의 경우 오늘날의 비버와 비슷한 꼬리, 헤엄치는 데 유리한 다리와 물고기를 잡아먹는 데 적합한 이빨이 있었어요. 또한 쥐라기에 나타난 볼라티코테리움의 경우 오늘날의 날다람쥐와 비슷하게 다리 사이에 늘어난 피부막이 있어 활공을 했던 최초의 포유동물로 알려져 있지요. 최근 중국에서 발견된 화석을 통해 백악기의 일부 포유동물은 몸길이가 1m 이상까지 자랐으며, 새끼 공룡까지 잡아먹었다는 사실이 밝혀지기도 했어요.

그림 설명

1. 레페노마무스
학명: *Repenomamus giganticus*
시기: 백악기 전기
장소: 중국
몸길이: 1m 몸무게: 14kg
레페노마무스는 라쿤을 닮은 근육질의 동물로 오늘날의 포유동물과 견줄 만큼 건장했어요. 일부 화석의 내장에서 프시타코사우루스의 새끼가 발견되었는데, 사냥을 한 것인지, 사체를 먹은 것인지는 아직 확실하지 않아요.

2. 키노그나투스
학명: *Cynognathus crateronotus*
시기: 트라이아스기 중기
장소: 아프리카, 남아메리카, 남극
몸길이: 1.2m 몸무게: 6.5kg
트라이아스기에 살았던 빠르고 사나운 포식자예요. 다부진 몸에 넓은 턱, 날카로운 이빨이 있었지요. 학자들은 키노그나투스가 털로 덮인 온혈동물이었을 것으로 추측해요.

3. 메가조스트로돈
학명: *Megazostrodon*
시기: 트라이아스기 후기, 쥐라기 전기
장소: 남아프리카
몸길이: 10cm 몸무게: 28g
오늘날의 생쥐처럼 꼬리가 긴 포유동물이었어요. 후각과 청각이 뛰어났으며, 땅 아래에 굴을 파고 살면서 나무뿌리나 구멍을 뚫고 사는 곤충(천공동물)을 먹었을 것으로 추측해요.

4. 에오마이아
학명: *Eomaia scansoria*
시기: 백악기 전기
장소: 중국
몸길이: 14cm 몸무게: 20~25g
'새벽의 어머니'라는 뜻의 에오마이아는 가장 오래된 태반 포유동물이에요. 덤불과 나무 사이를 재빨리 움직이며 곤충을 잡아먹었으며, 작은 몸집은 털로 뒤덮여 있었어요.

5. 볼라티코테리움
학명: *Volaticotherium antiquum*
시기: 쥐라기 중, 후기
장소: 중국
몸길이: 30.5cm
볼라티코테리움은 움켜쥘 수 있는 발가락과 다리 사이의 피부막 덕분에 나무를 기어올라 가지 사이를 날 수 있었어요. 곤충을 잡아먹는 데 유리한 이빨이 있었고, 온몸이 털로 덮여 있었어요.

중생대의 다른 동물들

멸종

  6600만 년 전 모사사우루스, 플레시오사우루스, 해면류와 암모나이트를 포함한 지구에 살던 동물 종의 절반 이상과 함께 공룡이 모두 사라졌어요. 식물도 마찬가지였지요.

  멸종이 일어나기 오래전부터 이미 공룡이 쇠퇴하고 있음을 보여 주는 여러 증거들이 있지만, 반대로 일부 지역에서는 멸종이 일어나기 전까지도 공룡이 번성했던 증거들이 발견되기도 했어요. 그러므로 공룡이 차츰 쇠퇴해 멸종에 이르렀다는 주장은 믿음을 주기에는 부족했지요. 공룡의 멸종이 일어난 이유가 무엇이든 급작스럽고 광범위하게 일어났다는 것은 분명해요.

  공룡의 멸종을 주장하는 이론은 크게 두 가지가 있어요. 오늘날 대부분의 학자들은 지름이 9.7km에 달하는 소행성이 총알보다 20배나 빠른 속도로 날아와 지금의 멕시코 유카탄 반도 부근에 떨어졌기 때문에 공룡이 멸종했다고 믿어요. 충돌의 여파로 지진 해일이 세계 곳곳의 해안을 휩쓸었고, 광범위한 화재가 육지를 불태웠지요. 충돌로 일어난 먼지구름이 하늘을 뒤덮어 햇빛을 막아 버렸기 때문에, 기온이 급격하게 떨어지고 식물의 광합성도 막았지요. 결국 식물을 주식으로 하는 초식 동물이 굶어 죽자 먹이가 없어진 육식 동물도 그 뒤를 따를 수밖에 없었어요. 이러한 소행성 이론은 지름이 180km에 달하는 칙술루브 분화구와 지구에서는 거의 찾아볼 수 없는 금속인 이리듐이 당시에 만들어진 지층에서 풍부하게 발견된다는 사실로 뒷받침돼요. 분화구가 생긴 시기와 이리듐이 포함된 지층이 생긴 시기 모두 멸종이 일어난 시기와 정확히 일치하지요.

  한편 또 다른 학자들은 인도의 데칸 용암 지대에서 일어난 화산 활동이 원인이라고 주장해요. 소행성 이론의 주된 증거인 이리듐은 지구의 핵에도 풍부하기 때문에, 장기적이고 광범위하게 일어난 화산 활동도 이리듐을 전 세계에 퍼트릴 수 있다는 거예요. 또한 화산 폭발은 온실가스에 의한 기후 변화를 일으킬 뿐만 아니라 엄청난 양의 재와 먼지를 분출하기 때문에 햇빛을 차단할 수 있지요. 일부 학자는 화산 활동과 소행성 충돌이 동시에 일어나 지구에서 공룡의 왕국을 사라지게 했다고 주장하기도 해요.

그림 설명

1. 소행성 충돌 이후의 지구
이 그림은 6600만 년 전 소행성의 충돌 여파에 시달리는 지구를 묘사하고 있어요. 먼지구름이 하늘을 가득 채워 햇빛을 차단하고 있어요. 땅 위에는 시들고 죽어 가는 식물과 생존을 식물에 의존했던 동물의 모습이 적나라하게 드러나 있지요. 당시의 지구는 혹독한 겨울, 즉 추위와 어둠의 시대였을 거예요.

중생대의 다른 동물들

살아남은 생명체

다행히 지구에 존재하는 모든 생명체 가운데 삼분의 일이 공룡을 멸종시킨 대재앙으로부터 살아남았어요. 작은 도마뱀, 뱀, 새, 곤충, 포유동물, 상어, 거북, 양서류와 악어가 멸종을 통과한 생명체에 포함되었지요. 이들이 살아남을 수 있었던 이유는 무엇이었을까요?

악어는 오랜 기간 먹지 않고도 견딜 수 있고, 보다 나은 생존 환경을 찾아 이동하는 습성 때문에 살아남을 수 있었을 거예요. 새는 먹이를 찾아 지구 어디라도 날아갈 수 있었기 때문에 재앙을 피할 수 있었고요. 작은 동물들은 땅에 굴을 파서 들어갈 수 있었고, 다양한 먹이를 먹었으며, 생존에 필요한 먹이의 양이 적었기 때문에 척박한 환경에서 살아남을 수 있었어요.

살아남은 생명체들에게는 대멸종이 새로운 기회가 되었어요. 이전에 지구에서 일어났던 몇 번의 멸종 뒤에는 '진화의 대폭발'이라고 할 만한 커다란 변화가 일어났던 것처럼 말이에요. 동물들은 공룡이 차지했던 서식지를 차지하기 위해 다양하게 진화했어요. 새들은 드넓은 하늘을 차지해 전 세계로 퍼져나갔고, 포유동물들은 지구의 새로운 주인이 되었지요.

멸종이 일어난 후 2000만 년 동안 포유동물은 이전과 비교할 수 없을 만큼 다양해졌어요. 공룡이 사라진 이상 더 이상 숨거나 밤에만 활동하지 않아도 됐기 때문에 서서히 거의 모든 서식지에 맞게 진화하며 그 자리를 차지하기 시작했지요. 일부는 엄청나게 몸집을 키워 경쟁력을 가졌고, 일부는 드넓은 바다로 나아가 새로운 주인이 되었어요. 멸종으로부터 2300만 년 후인 팔레오세 후기에는 포유동물이 영장류, 말, 박쥐, 돼지, 고양이, 개와 고래로 더욱 분화되었어요. 드디어 '포유동물의 시대'가 시작된 것이지요.

그림 설명

1. 히라코테리움
학명: *Hyracotherium*
시기: 에오세
장소: 북아메리카, 유럽
몸길이: 78cm 몸무게: 9kg
'새벽의 말'을 뜻하는 히라코테리움은 오늘날 말의 조상이에요. 5000만 년 전쯤 번성했으며, 부드러운 식물을 먹었어요.

2. 모에리테리움
학명: *Moeritherium*
시기: 에오세
장소: 아프리카
키높이: 70cm 몸무게: 235kg
코끼리와 가까운 돼지를 닮은 포유동물이에요. 3500만 년 전에 늪과 강기슭에서 살았어요.

3. 가스토르니스
학명: *Gastornis*
시기: 팔레오세 후기, 에오세
장소: 유럽, 중국, 미국
키높이: 2m 몸무게: 170kg
날지 못하는 덩치 큰 새로 강력한 부리가 있었어요. 숨어서 먹이를 사냥하거나 큰 식물을 먹었어요.

4. 팔레오트리오닉스
학명: *Palaeotrionyx*
시기: 팔레오세
장소: 북아메리카
몸길이: 45cm 몸무게: 6kg
부드러운 등딱지가 있는 민물 거북으로 긴 목, 날카로운 부리, 세 개의 발가락이 있는 발까지 오늘날의 거북과 거의 비슷한 모습이에요.

5. 도루돈
학명: *Dorudon*
시기: 팔레오세
장소: 북아메리카, 북아프리카의 해안 및 태평양
몸길이: 5m 몸무게: 450kg
이빨이 있는 원시 고래로 물고기와 연체동물을 먹고 살았어요.

자 료 실

찾아보기
공룡 박물관의 큐레이터들

찾아보기

가스토르니스 90
가오리 52, 68
갈리미무스 34
갑옷공룡 62~69
거미 14, 53
겉씨식물 14, 53
계통군 5
고르고사우루스 32
고사리 14, 52, 53, 65, 69
곤드와나 6, 18, 24, 26
곤봉 66~67
곤충 14, 15, 22, 40, 44, 53, 68, 74, 82, 86, 90
골수골 조직 49
골침 62~67
골판 19, 48, 62~67
골편 62, 64
공룡 5
기간토랍토르 36
기가노토사우루스 22, 26
기디언 멘텔 54
깃털 22, 30~44, 53, 69
꽃식물 68~69

나난티우스 69
난쟁이 종 13
네오베나토르 26
노도사우루스 66~67
노토사우루스 84
뇌 27, 40, 42, 86
니제르사우루스 17

다스플레토사우루스 32
다코타랍토르 42
대멸종 14, 52, 68, 88, 90
데이노니쿠스 42, 49
데이노케이루스 34
도루돈 90
독 44
독니 15
돛 29
두족류 52
둥지 22, 31, 36, 38, 40, 58
드라코렉스 74
드로메오사우루스 30, 42, 44
등딱지 67, 90
디모르포돈 82
디아블로케라톱스 72
디플로도쿠스 17, 18

딕소니아 53
딜로포사우루스 24
딜롱 31

라라미디아 72
라페토사우루스 24
람베오사우루스 56
레페노마무스 86, 87
로라시아 6
리무사우루스 25
리오자사우루스 13
리처드 오언 5, 54

마니랍토라 40, 42
마멘키사우루스 17
마소스폰딜루스 13
마시아카사우루스 25
마이아사우라 58
마준가사우루스 24
마푸사우루스 26
메가조스트로돈 86
메갈로사우루스 5, 54
메이 40, 44
모르가누코돈 15
모사사우루스 68, 84, 88
모에리테리움 90
목련 69
몽골라라크네 53
무타부라사우루스 69
미단골 36
미크로랍토르 22
미툰가 69
민미 69

바리오닉스 28
발톱 10, 13, 22, 26, 28, 34, 38~45, 62, 78, 82
밤비랍토르 42
백악기 68~69
베링 육교 36
베이피아오사우루스 38
벨로키랍토르 44, 78
볏 22~28, 36, 56, 58, 82
보로고비아 40
볼라티코테리움 86
볼주머니 48~51, 55
부리 10, 22, 34, 36, 38, 44, 48, 51, 55, 56, 62, 67, 69, 72, 74, 76, 82, 90
분기도 5

브라키오사우루스 10, 18
뿔 24~25, 54, 62, 67~76

사우로르니토이데스 40
사우로펠타 67
사우롤로푸스 56
살타사우루스 18
상어 29, 52, 68, 90
새 44
세그노사우루스 38
소르데스 82
소철 10, 15, 52, 65, 69
소행성 88
속새류 15, 69
속씨식물 69
속이 빈 뼈 22, 30, 56
수각아목 21~45
수궁류 14
수장룡 84
수코미무스 29
스켈리도사우루스 62
스쿠텔로사우루스 62
스테고사우루스 27, 52, 62~65
스테고케라스 74
스트루티오미무스 34
스티기몰로크 74
스티라코사우루스 72, 76
스피노사우루스 26~29
시노르니토사우루스 31, 44
시노사우롭테릭스 44
시조새 52

아라우카리옥실론 15
아르젠티노사우루스 19
아마르가사우루스 17
아벨리사우루스 24
아틀라스코프코사우루스 50
악어 14, 22, 25, 29, 52, 68, 84, 90
안주 36
안킬로사우루스 52, 65~69
알로사우루스 25~27, 49, 52
알바레즈사우루스 30
알베르토사우루스 32
애팔래치아 72
어룡 84
에그마운틴 58
에난티오르니테스 69
에드몬토사우루스 40, 56
에른스트 스트로머 27

에오마이아 86
에우드로마에오사우리아 42
에우디모르포돈 82
에우오플로케팔루스 67
엘라스모사우루스 84
오로드로메우스 50
오르니토미무스 34
오르니토미모사우리아 30, 34
오리주둥이 공룡 56
오르니토드로메우스 50
오비랍토르 36
오비랍토로사우리아 36
용각아목 10~19
용각하목 16, 18
용반목 10, 22, 53
유타랍토르 42
원시수각류 24~25
원시용각류 12~13
원시조각류 50~51
위석 10, 34, 36
위시본 22
윌리엄소니아 53
유티라누스 32
은행나무 10, 52~53, 69
이구아노돈 5, 28, 42, 49, 54~55, 56, 68
이끼 14, 65
이리타토르 28
이크티오사우루스 52, 68, 84
익룡 14, 15, 52, 68, 69, 78, 82
인시시보사우루스 36

장경룡 84
잭 호너 58
조각아목 25, 26, 47~59, 69
조반목 5, 48, 53, 62
주라마이아 53
주식두아목 72~79
중생대 6
쥐라기 52

친타오사우루스 56
침엽수 10, 69

카르노타우루스 24
카르카로돈토사우루스 26~29
카스트로카우다 86
카우딥테릭스 36
카이우아자라 82
케라토사우루스 24~25

케라톱스 5, 32, 68, 72, 76~78
케라톱스하목 72, 76~77
케찰코아틀루스 82
켄트로사우루스 65
코리토사우루스 56
코엘로피시스 15, 22, 24, 62
코엘루로사우리아 30~31, 52~53
콘푸시우소르니스 44
크로노사우루스 84
크리올로포사우루스 22
클라바티폴레니테스속 69
키노그나투스 86
키노돈트 86
키티파티 36

타르보사우루스 25, 32, 38
테논토사우루스 49
테리지노사우루스 30, 38
테코돈토사우루스 13
트라이아스기 14~15
트로오돈 30, 36, 40, 42, 44, 58
트리케라톱스 72, 76, 78
티라노사우루스 19, 26, 30, 31, 32, 38, 42, 49, 67, 76, 84
티라노티탄 19
티레오포라 62
티안유롱 53
티타노사우루스 18, 19, 26, 68
틸로사우루스 84

파라사우롤로푸스 56
파키케팔로사우루스 72, 74
판게아 6, 14, 52
판탈라사 6
팔레오트리오닉스 90
팔레오세 90
팔카리우스 38
펜타케라톱스 76
펠레카니미무스 34
포스토수쿠스 15
포유동물 14, 44, 52, 53, 68, 86, 90
폴 세레노 27
프로토케라톱스 36, 78
프릴 5, 72, 76, 78
프시타코사우루스 76, 86
플라테오사우루스 13
플레시오사우루스 52, 68, 84, 88
틸로사우루스 84

하드로사우루스 32, 40, 48, 56~58, 62
하르피미무스 34
해양파충류 84
허위안니아 36
헤테로돈토사우루스 48, 53
화산 88
화석소철목 15
후아양고사우루스 65
히라코테리움 90
힐라에오사우루스 5, 54
힙실로포돈 48~51

학명으로 찾아보기

Allosaurus fragilis 27
Amargasaurus cazaui 17
Ankylosaurus magniventris 67
Anzu wyliei 36
Araucarioxylon arizonicum 15

Bambiraptor feinbergi 42
Borogovia gracilicrus 40
Brachiosaurus altithorax 10

Caiuajara dobruskii 82
Carcharodontosaurus saharicus 27
Ceratosaurus nasicornis 25
Coelophysis bauri 22
Confuciusornis sanctus 44
Corythosaurus casuarius 56
Cynognathus crateronotus 86

Dakotaraptor steini 42
Deinocheirus mirificus 34
Deinonychus antirrhopus 42
Diabloceratops eatoni 72
Dicksonia 53
Dilong paradoxus 31
Dimorphodon macronyx 82
Diplodocus carnegii 17
Dorudon 90
Dracorex hogwartsia 74

Edmontosaurus regalis 56
Elasmosaurus platyurus 84

Eomaia scansoria 86
Eudimorphodon ranzii 82
Euoplocephalus tutus 67

Gastornis 90
Gigantoraptor erlianensis 36
Ginkgo 53

Heyuannia huangi 36
Huayangosaurus taibaii 65
Hyracotherium 90
Hypsilophodon foxii 51

Ichthyosaurus communis 84
Iguanodon bernissartensis 55

Juramaia sinesis 53

Kentrosaurus aethiopicus 65
Kronosaurus queenslandicus 84

Lambeosaurus lambei 56

Maiasaura peeblesorum 58
Mamenchisaurus hochuanensis 17
Massospondylus carinatus 13
Megazostrodon 86
Mei long 44
Minmi paravertebra 69
Moeritherium 90
Mongolarachne jurassica 53
Morganucodon 15
Muttaburrasaurus langdoni 69
Mythunga camara 69

Nanantius eos 69
Nigersaurus taqueti 17
Nothosaurus marchicus 84

Ornithomimus edmontonicus 34

Pachycephalosaurus wyomingensis 74
Palaeotrionyx 90
Parasaurolophus walkeri 56
Pentaceratops sternbergii 76
Plateosaurus engelhardti 13
Postosuchus 15
Protoceratops andrewsi 78

Psittacosaurus mongoliensis 76

Quetzalcoatlus northropi 82

Repenomamus giganticus 86
Riojasaurus incertes 13

Saurolophus angustirostris 56
Sauropelta edwardsorum 67
Saurornithoides mongoliensis 40
Scutellosaurus lawleri 62
Sinornithosaurus millenii 44
Sinosauropteryx prima 44
Sordes pilosus 82
Spinosaurus aegyptiacus 29
Stegoceras validum 74
Stegosaurus armatus 65
Stygimoloch spinifer 74
Styracosaurus albertensis 76

Tarbosaurus bataar 38
Tenontosaurus tilletti 49
Thecodontosaurus antiques 13
Therizinosaurus cheloniformis 38
Tianyulong confuciusi 53
Triceratops horridus 76
Troodon formosus 40
Tsintaosaurus spinorhinus 56
Tylosaurus proriger 84
Tyrannosaurus rex 32, 67
Tyrannotitan chubutensis 19

Velociraptor mongoliensis 78
Volaticotherium antiquum 86

Williamsonia 53

Yutyrannus huali 32

공룡 박물관의 큐레이터들

이 책을 쓴 릴리 머레이는 편집자 겸 작가로 활동하고 있습니다. 산책, 새 관찰, 자연사 박물관 여행과 새로운 공룡 발견을 다룬 책 읽기를 즐깁니다. 자칭 화석 사냥꾼이기도 합니다.

이 책에 도움을 준 조나단 테넌트는 2016년 공룡의 진화와 멸종에 관한 연구로 런던 임페리얼 대학교에서 박사 학위를 받았습니다. 공룡에 관한 몇 권의 책을 쓰고 감수했으며, 현재 전문 과학 저술가로 활동하고 있습니다.

이 책에 그림을 그린 크리스 워멜은 독학으로 그림을 배운 저명한 판화가입니다. 주로 목판화와 라이노컷 기법을 이용하여 유행을 타지 않는 그림을 그립니다. 많은 어린이 책을 쓰고 그렸으며, 최근 베스트셀러 〈메이블 이야기 H is for Hawk〉의 표지 그림을 그렸습니다. 현재 부인, 세 아이와 함께 런던에 살고 있습니다.

옮긴이 당연증은 서울대학교 식물학과를 졸업했으며, 민음사 사이언스북스 편집장을 역임했습니다.

세상에서 가장 멋진
공룡 박물관

릴리 머레이 글 | 크리스 워멜 그림 | 당연중 옮김

1판 1쇄 펴낸날 2018년 3월 25일 | 펴낸곳 (주)베틀북 | 펴낸이 강경태
편집 박정민 김상미 | 디자인 박성준 방은진 | 등록번호 제16-1516호
주소 서울시 강남구 언주로 703 (우)06053 | 전화 (02)2192-2300 | 홈페이지 www.betterbooks.co.kr

Dinosaurium
First published in the UK in 2017 by Big Picture Press, Templar Publishing
part of the Bonnier Publishing Group,
The Plaza, 535 King's Road, London, SW10 0SZ

Illustration copyright © 2017 by Chris Wormell
Text copyright © 2017 by Lily Murray
Design copyright © 2017 by The Templar Company Limited
All rights reserved
This Korean edition published by arrangement with Templar Publishing through AMO Agency, Seoul, Korea

이 책의 한국어판 저작권은 AMO 에이전시를 통해 저작권자와 독점 계약한 베틀북에 있습니다.
신 저작권법에 의해 한국 내에서 보호를 받는 저작물이므로 무단전재와 무단복제를 금합니다.

ISBN 978-89-8488-932-3 76490

이 도서의 국립중앙도서관 출판시도서목록(CIP)은 서지정보유통지원시스템 홈페이지(http://seoji.nl.go.kr)와
국가자료공동목록시스템(http://www.nl.go.kr/kolisnet)에서 이용하실 수 있습니다. (CIP제어번호: CIP2017034058)